초등학교 교과서 속담 완전 수록! 초등 ❶~❸학년

마법의 상위권
읽기 쓰기

조은숙 글 | 국설희·김서영·박지은 그림 | 강병학 감수

❶ 속담

마법스쿨

| 부모님께 |

〈마법의 상위권 읽기·쓰기〉 시리즈는요,

   속담, 격언, 이솝 우화, 옛이야기 등 인류의 지혜가 담긴 좋은 글과 문장을 읽고 쓰기를 통해 익힐 수 있도록 하였습니다. 좋은 글과 문장들은 우리 아이들이 평생을 살아가면서 필요한 인성의 밑바탕을 형성할 수 있도록 도움을 줄 것입니다.

   초등학교 저학년 교과서에 나오는 속담과 격언, 이솝 우화, 옛이야기를 최대한 담았습니다.

   속담, 격언, 이솝 우화, 옛이야기 등을 재미있게 읽으면서 초등학교 저학년 국어 학습 내용을 경험할 수 있도록 구성하였습니다. 초등학교 국어 공부를 할 때, 예습이나 복습 어느 쪽으로 이용해도 됩니다.

   아이가 매일 정해진 분량을 차근차근 공부하다 보면 초등학교 저학년 교과서에서 다루는 문법을 익힐 수 있습니다. 특히 이 시리즈는 자음 동화, 연음 법칙, 구개음화, 된소리되기 등과 같은 발음 법칙을 전 시리즈에 걸쳐 충분히 소개하고 있어 까다로운 발음 문제를 해결하고, 받아쓰기 시험에 대비하게 하였습니다.

초등학교 기초 국어 지식을 익히고 되새기도록 구성했습니다. '어휘가 힘'과 '아는 게 힘' 등의 코너를 통해 풍부한 국어 지식을 이해하고 반복해서 익힐 수 있도록 구성하여 아이가 실력을 튼튼하게 다질 수 있습니다.

반복 쓰기를 통해 어휘력을 기르도록 했습니다. 글을 바르게 읽고 쓰려면 맞춤법이나 뜻이 헷갈리기 쉬운 낱말을 제대로 익히는 것이 중요합니다. 낱말의 정확한 뜻과 쓰임새를 익히는 것은 국어 실력을 향상시키는 지름길입니다. 또한 풍부한 어휘력은 문장의 표현력을 길러 줍니다.

《속담》권부터 《격언》권, 《이솝 우화》권, 《옛이야기》권으로 이어지면서 학습 내용에 점차 난이도를 두고 구성하였습니다. 그리하여 아직 한글을 읽고 쓰는 데 숙달하지 못한 단계부터 다양한 문장의 갈래를 경험하고 스스로 문장 쓰기를 훈련하는 단계까지 **여러 수준에 있는 아이들이 학습 단계에 맞추어 책을 선택하여 쓸 수 있도록 하였습니다.**

마법의 상위권 읽기·쓰기 |속담 권|

주	일	학습 주제
1주	1일	자모음을 알기
	2일	글자의 짜임 알기
	3일	단모음과 받침 없는 글자 알기
	4일	이중 모음과 받침이 없는 글자 알기
	5일	단모음과 받침이 있는 글자 알기 1
2주	6일	단모음과 받침이 있는 글자 알기 2
	7일	이중 모음과 받침이 있는 글자 알기
	8일	겹글자 - 쌍자음 ㄲ, ㄸ, ㅃ, ㅆ, ㅉ 익히기
	9일	받침이 있는 글자들의 소리 익히기
	10일	겹받침 알기 1 - ㄶ, ㄳ, ㄾ, ㅄ 이해하기
3주	11일	겹받침 알기 2 - ㄻ, ㄺ, ㅀ, ㄵ 이해하기
	12일	기본 문장 만들기 - 임자말(주어) 이해하기
	13일	기본 문장 만들기 - 움직임을 나타내는 풀이말 이해하기
	14일	기본 문장 만들기 - 상태나 특성을 나타내는 풀이말 이해하기
	15일	기본 문장 만들기 - 부림말(목적어) 이해하기
4주	16일	뜻이 통하는 문장 - 말과 문장의 순서 알기
	17일	문장 부호 알기
	18일	알맞게 띄어 읽기와 쓰기 알기
	19일	의성어 알기
	20일	의태어 알기

〈마법의 상위권 읽기·쓰기〉 시리즈는 전 4권, 1권당 4주 프로그램!

주	일	학습 주제
1주	1일	낱말의 짜임 알기 - 낱말의 짜임을 파악하며 글 읽기
	2일	겹문장 만들기 - 문장을 나누거나 합치는 방법을 이해하기
	3일	거센소리 알기 1 - '좋다'가 [조타]로 소리 나는 거센소리되기 이해하기
	4일	거센소리 알기 2 - '급하다'가 [그파다]로 소리 나는 거센소리되기 이해하기
	5일	구개음화 알기 1 - '같이'가 [가치]로 소리 나는 구개음화 이해하기
2주	6일	구개음화 알기 2 - '닫히다'가 [다치다]로 소리 나는 구개음화 이해하기
	7일	꾸밈말 알기 - 문장에서 꾸밈말을 이해하기
	8일	자음 동화 알기 1 - '돕는'이 [돔는]으로 소리 나는 자음 동화 이해하기
	9일	자음 동화 알기 2 - '능력'이 [능녁]으로 소리 나는 자음 동화 이해하기
	10일	자음 동화 알기 3 - '칼날'이 [칼랄]로 소리 나는 자음 동화 이해하기
3주	11일	자음 동화 알기 4 - '독립'이 [동닙]으로 소리 나는 자음 동화 이해하기
	12일	음절의 끝소리 알기 1 - 받침으로 발음될 수 있는 소리를 이해하기
	13일	음절의 끝소리 알기 2 - '옷'이 [옫]으로 소리 나는 음절의 끝소리 규칙 이해하기
	14일	된소리로 쓰면 안 되는 말 알기 - '살지 말지'가 [살찌 말찌]로 소리 나는 된소리되기 이해하기
	15일	뜻이 통하게 띄어쓰기와 붙여쓰기 - 긴 문장과 복잡한 문장을 바르게 띄어쓰기 이해하기
4주	16일	문장 부호 알기 1 - 자주 쓰이는 문장 부호 알기
	17일	문장 부호 알기 2 - 따옴표와 줄임표 알기
	18일	비슷한말 알기 - 뜻이 비슷한 말이 무엇인지 이해하기
	19일	반대말 알기 - 뜻이 반대인 낱말들을 찾으며 글 읽기
	20일	뜻이 큰 말과 작은 말 알기 - 상위어와 하위어 이해하기

마법의 상위권 읽기·쓰기 |격언 권|

마법의 상위권 읽기 · 쓰기 | 이솝 우화 권 |

주	일	학습 주제
1주	1일	수와 순서를 세는 말 알기 - 수사
	2일	관계를 나타내거나 뜻을 더해 주는 말 알기 - 조사
	3일	뜻을 분명하게 해 주는 꾸밈말 알기 - 수식언
	4일	성질이나 상태를 나타내는 꾸밈말 알기 - 형용사
	5일	움직임을 나타내는 말 알기 - 동사
2주	6일	뜻에 맞는 문장 알기 - 문장의 종류
	7일	때에 맞는 문장 알기 - 과거, 현재, 미래(시제) 익히기
	8일	두 개 이상의 문장 1 - 이어 주는 말(접속사) 알기
	9일	두 개 이상의 문장 2 - 가리키는 말(지시어) 알기
	10일	복잡한 문장 - 접속사와 지시어 활용하기
3주	11일	등장인물을 생각하며 읽기 1 - 생김새와 성격을 나타내는 말
	12일	등장인물을 생각하며 읽기 2 - 말과 행동의 이유와 인물의 기분 알기
	13일	배경을 살피며 읽기 1 - 일이 일어난 장소(공간) 알아보기
	14일	배경을 살피며 읽기 2 - 일이 일어난 시간 알아보기
	15일	사건이 어떻게 일어나고 해결되는지 이해하며 읽기
4주	16일	원고지 쓰기 1 - 원고지 쓰기 규칙 익히기
	17일	대화하듯이 쓰는 글 - 편지 쓰기
	18일	내 생각이나 느낌을 쓰는 글 - 일기 쓰기
	19일	노래처럼 쓰는 글 - 동시 쓰기
	20일	원고지 쓰기 2 - 여러 종류의 글 원고지에 써 보기

마법의 상위권 읽기 · 쓰기 | 옛이야기 권 |

주	일	학습 주제
1주	1일	정확한 문장 쓰기 1 - 맞춤법, 띄어쓰기에 따라 뜻이 통하는 문장 쓰기
	2일	정확한 문장 쓰기 2 - 맞춤법, 띄어쓰기, 문장의 순서에 맞게 뜻이 통하는 문장 쓰기
	3일	문장 부호 알기 1 - 마침표, 쉼표, 물음표, 느낌표, 쐐기표, 겹쐐기표의 쓰임새 익히기
	4일	문장 부호 알기 2 - 큰따옴표, 작은따옴표, 말줄임표 익히기
	5일	틀리기 쉬운 낱말 익히기 1 - 'ㅐ' 'ㅔ' 'ㅖ' '-이' '-히'가 들어가는 낱말 익히기
2주	6일	틀리기 쉬운 낱말 알기 2 - 뜻이 알쏭달쏭한 낱말의 정확한 뜻과 맞춤법 익히기
	7일	동음이의어 익히기 - 소리는 같지만 뜻이 전혀 다른 낱말 이해하기
	8일	다의어 익히기 - 글자와 소리는 같지만 뜻이 여러 가지인 낱말 이해하기
	9일	뜻이 비슷한 말과 반대인 말 익히기 - 뜻이 비슷한 말과 반대인 낱말 이해하기
	10일	예사말과 높임말 이해하기 - 상대에 따라 달라지는 예사말과 높임말 익히기
3주	11일	고유어, 한자어, 외래어 익히기 - 순우리말, 한자에 기초한 말, 외국에서 들어 온 말 이해하기
	12일	합성어와 파생어 알기 - 두 낱말이 합쳐져서 이루어진 낱말 이해하기
	13일	경험한 일 읽고 쓰기 - 일상생활에서 경험한 일을 떠올리며 글을 읽고, 자신의 생각을 글로 써 보기
	14일	마음을 표현하는 글 읽고 쓰기 - 상대방을 헤아리며 자신의 마음을 표현하기
	15일	소개하는 글쓰기 - 소개하는 대상의 특징이 잘 드러나게 글을 읽고 쓰기
4주	16일	부탁하는 글쓰기 - 부탁하는 글을 읽고 쓰는 방법 익히기
	17일	독서 감상문 쓰기 1 - 책을 읽고 난 뒤에 자신의 생각과 느낌 써 보기
	18일	독서 감상문 쓰기 2 - 책을 읽고 난 뒤에 자신의 생각과 느낌 써 보기
	19일	원인과 결과 문장 쓰기 - 원인과 결과를 알고 '이어 주는 말'을 이용하여 문장 만들기
	20일	중심 낱말과 중심 문장 찾기 - 글을 읽고 중심이 되는 낱말과 문장 찾아보기

옛사람들의 지혜와 생각이 담겨 있는 '속담'

여러분, 혹시 "낮말은 새가 듣고 밤말은 쥐가 듣는다."라는 말을 들어 본 적이 있나요?

어디서 들어 본 말 같다고요? 이 말은 여러분이 태어나기 전부터 지금까지 꾸준하게 사용되어 왔던 말이라서, 그 의미를 잘 몰라도 한두 번은 들어 봤을 것입니다. 이런 말을 속담이라고 합니다. 속담이란 예로부터 사람들 사이에서 널리 전하여 오는 말로, 그 안에 삶의 지혜나 보편적인 진리가 들어 있습니다.

속담은 어떤 가치를 지니고 있을까요? 속담은 대부분 한두 사람이 말했거나, 책에 씌어 전해진 내용보다는, 오랫동안 여러 사람들의 경험에서 우러나온 말이 전해진 것들입니다. 삶에서 부딪히는 어려움을 헤쳐 나가는 태도, 살아가는 데 힘이 되는 가르침 그리고 미리 알고 있다면 실수를 하지 않도록 도와주는 교훈들이 듬뿍 담겨 있습니다.

사람들을 왜 속담을 사용할까요? 속담을 사용하여 말을 하면 자신의 의견이나 주장을 더 잘 전달할 수 있고 설득력을 가지기 때문입니다. 말하자면 "이 속담의 뜻처럼, 옛날부터 많은 사람들이 나와 같은 생각을 했어. 그러니까 내 생각은 옳은 것이야."라는 주장을 담는 것이지요. 어른들이 말을 할 때나, 방송 등에서 종종 속담을 들어 말을 하는 것도 이런 까닭이랍니다.

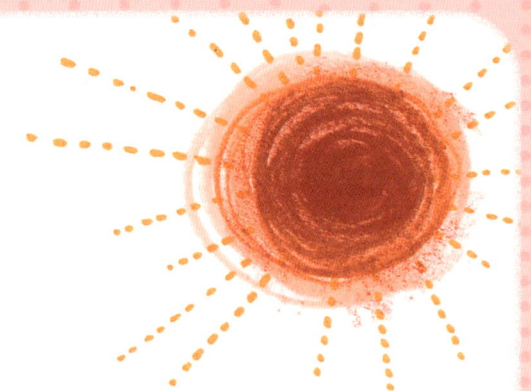

　그렇다면 왜 속담을 공부해야 할까요? "낮말은 새가 듣고 밤말은 쥐가 듣는다." 이 말은 그대로 해석하면, '낮에 하는 말은 하늘에 있는 새가 들을 수 있고 밤에 하는 말은 쥐가 들을 수 있다'는 뜻입니다. 하지만 이 말의 숨은 뜻은, '말이란 것은 아무리 비밀을 지키려고 해도 결국 새어 나가므로, 함부로 해서는 안 된다.'는 교훈입니다. 속담은 이처럼 그 자체는 아주 쉽고 간단한 말이지만, 그 안에 담긴 뜻은 매우 깊습니다. 따라서 속담은 말 그대로의 뜻과 그 안에 담긴 속뜻, 그 두 가지를 다 알지 않으면 그 의미를 제대로 안다고 할 수 없습니다. 또한 속담을 제대로 사용하려면 속담 안에 숨은 뜻을 확실히 익히고, 적절한 곳에 사용하는 훈련을 해야 합니다. 우리가 속담을 배워야 하는 이유가 바로 여기에 있는 것입니다.

　한편, 속담에는 옛사람들의 삶이 그대로 묻어 있습니다. 그래서 가끔 옛말이나 지금은 잘 쓰지 않는 표현들이 나옵니다. 속담 공부를 통해, 어휘를 익히면서 자연스럽게 어휘 실력이 넓어지는 것을 느끼는 것은, 바로 여기에서 비롯됩니다.

　이 책에는 초등학교 교과서에 나오는 속담은 물론이고, 알아 두면 여러분이 말을 하는 데 큰 도움이 되는 필수적인 속담들을 많이 소개하고 있습니다. 이 책을 통해 지혜롭고 깊은 생각의 보물 창고, 속담의 세계를 즐겁게 여행하시기 바랍니다.

〈마법의 상위권 읽기·쓰기〉 시리즈
《속담》 권에서는요,

국어 공부는 무엇보다도 읽기, 쓰기, 국어 지식(문법)과 독해 능력이 중요합니다. 이 책은 속담을 읽고 문제를 풀면서 이것들을 통합적으로 배우고 익힐 수 있도록 하였습니다.

이 책에 나오는 속담은 초등학교 교과서에 나와 있는 속담은 물론, 초등생이 알아 두면 좋을 것들입니다. 속담이 가진 숨은 뜻과 교훈을 그림으로 재미있게 풀어 주어, 이 책을 다 보고 나면 속담에 한결 친숙해질 것입니다.

속담 표현을 통해 초등 저학년이 알아야 할 국어 학습의 내용을 충분히 접할 수 있도록 구성함으로서 꾸준히 공부를 하다 보면, 어느새 읽기·쓰기 실력이 부쩍 성장한 것을 느낄 수 있을 것입니다.

오늘 배울 속담을 큰 소리로 읽습니다. 뜻을 생각하며 찬찬히 읽어 보세요. 그 다음 문제를 풀면서 바르게 읽고 쓰는 법을 이해합니다.

낱말과 문장을 정확하게 읽고 쓰는 법을 배웁니다. 우리말에는 글자의 모양과 소리 내는 법이 다른 낱말들이 있습니다. 또 낱글자로 쓰일 때와 낱말과 문장 속에서 쓰일 때 소리 내는 법이 다른 말도 있습니다. 이처럼 알쏭달쏭 혼동될 수 있는 말들을 이해할 수 있게 도와줍니다.

내용을 잘 전달할 수 있는 낱말과 문장 쓰기를 익힙니다. 매일 소개하는 속담에 맞추어 학습할 낱말과 헷갈리기 쉬운 낱말, 어려운 낱말과 문장들을 덮어 쓰거나 스스로 써 보게 함으로써 자연스럽게 맞춤법을 익히도록 하였습니다.

초등 교과 과정에 나오는 다양한 국어 지식을 배웁니다. 특히 이 책에서는 문장에서의 기본 요소들인 임자말, 풀이말, 부림말 등을 바르게 사용하는 방법을 익히고, 맞춤법과 띄어쓰기, 문장 부호와 다양한 낱말들, 문장의 내용 이해하기 등 국어 학습에서 가장 기본이 되는 내용과 개념을 정리할 수 있도록 하였습니다.

다양한 문장을 익힐 수 있도록 구성하였습니다. 속담은 겉으로 보이는 뜻 너머에 더욱 깊은 뜻이 숨어 있습니다. 문장의 숨은 의미 알아채기는 독해 훈련에서 아주 중요한 부분입니다. 속담은 짧은 문장이기에 큰 부담을 느끼지 않으면서, 말이 가지고 있는 여러 의미를 파악할 수 있는 매우 좋은 소재가 됩니다.

이 책을 통해 익히고 쌓은 풍부한 국어 지식과 문장 이해 실력은 다양한 글을 읽고 쓰는 데 큰 힘이 될 것입니다.

교과서 연계

《속담》권은 아래와 같이 교과서와 연계되어 있습니다.

주	일	교과서 연계 내용
1주	1일	국어 1-1, 1. 즐거운 마음으로 / 국어 1-1, 2. 재미있는 낱자 / 국어 1-1, 3. 글자를 만들어요
	2일	국어 1-1, 1. 즐거운 마음으로 / 국어 1-1, 2. 재미있는 낱자 국어 1-1, 3. 글자를 만들어요 / 국어 3-1, 10. 생생한 느낌을 그대로
	3일	국어 1-1, 3. 글자를 만들어요
	4일	국어 1-2, 2. 바르고 정확하게 / 국어 1-2, 6. 이야기꽃을 피워요. / 국어 2-1, 10. 이야기 세상 속으로
	5일	국어 1-1, 3. 글자를 만들어요
2주	6일	국어 2-1, 10. 이야기 세상 속으로 / 국어 3-1, 10. 생생한 느낌을 그대로
	7일	국어 1-2, 2. 바르고 정확하게 / 국어 1-2, 9. 상상의 날개를 펴고 / 국어 2-1, 10. 이야기 세상 속으로
	8일	국어 1-1, 6. 문장을 바르게
	9일	국어 1-2, 8. 생각하며 읽어요 / 국어 3-1, 10. 생생한 느낌을 그대로
	10일	국어 1-2, 2. 바르고 정확하게 / 국어 3-1, 10. 생생한 느낌을 그대로
3주	11일	국어 1-2, 2. 바르고 정확하게 / 국어 3-1, 10. 생생한 느낌을 그대로
	12일	국어 1-1, 6. 문장을 바르게 / 국어 2-1, 4. 생각을 전해요
	13일	국어 1-1, 6. 문장을 바르게 / 국어 1-2, 9. 상상의 날개를 펴고 국어 2-1, 11. 재미가 새록새록 / 국어 2-1, 4. 생각을 전해요
	14일	국어 1-1, 6. 문장을 바르게 / 국어 2-1, 4. 생각을 전해요 / 국어 3-1, 10. 생생한 느낌을 그대로
	15일	국어 1-1, 6. 문장을 바르게 / 국어 2-1, 4. 생각을 전해요 / 국어 2-1, 5. 무엇이 중요할까
4주	16일	국어 1-1, 6. 문장을 바르게
	17일	국어 1-1, 6. 문장을 바르게 / 국어 1-1, 7. 알맞게 띄어 읽어요 국어 2-1, 8. 보고 또 보고 / 국어 3-1, 10. 생생한 느낌을 그대로
	18일	국어 1-1, 6. 문장을 바르게 / 국어 1-1, 7. 알맞게 띄어 읽어요
	19일	국어 1-1, 6. 문장을 바르게 / 국어 2-1, 1. 아, 재미있구나! / 국어 2-2, 7. 재미있는 말
	20일	국어 1-1, 6. 문장을 바르게 / 국어 2-1, 1. 아, 재미있구나! / 국어 2-2, 7. 재미있는 말

읽기·쓰기를 튼튼하게 공부해요!

 속담의 뜻을 설명해 줍니다.

 각 주의 학습 목표에 따르는 국어 지식(문법)에 대한 문제를 풉니다.

 각 주의 학습 주제와 목표에 대해 설명합니다. 이 책은 20일치의 학습량으로 날마다 공부하도록 구성되어 있습니다.

 놓치기 쉬운 내용을 친절하고 자세하게 설명하여 문법을 짚어 줍니다.

 맞춤법이나 뜻이 헷갈리기 쉬운 낱말을 익혀서 글을 바르고 정확하게 읽고 쓸 수 있도록 하였습니다.

낱말들을 발음하는 규칙에 대해 공부합니다.
어렵고 딱딱한 문법 용어를 쉽게 풀어 설명해
초등 저학년 아이들이 충분히 이해할 수 있도록 했습니다.

 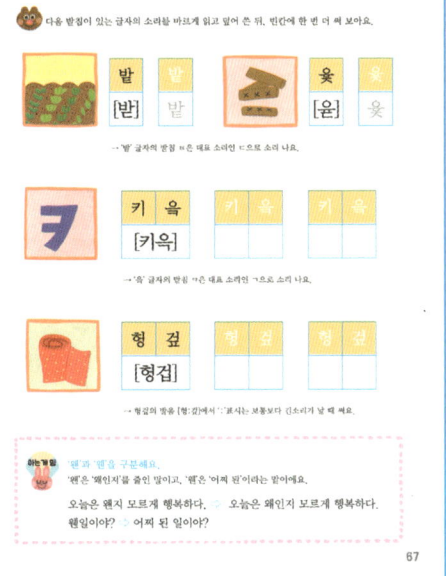

만화, 그림, 사다리 이어 주기,
정답 찾아 잇기 등을 통해
주요 내용을 배웁니다.

아는 게 힘

각 주의 학습 목표에 따르는
국어 지식(문법)을 이해할 수
있도록 합니다. 우리말을 정확히
이해하여 활용하는 능력을
키워 줍니다.

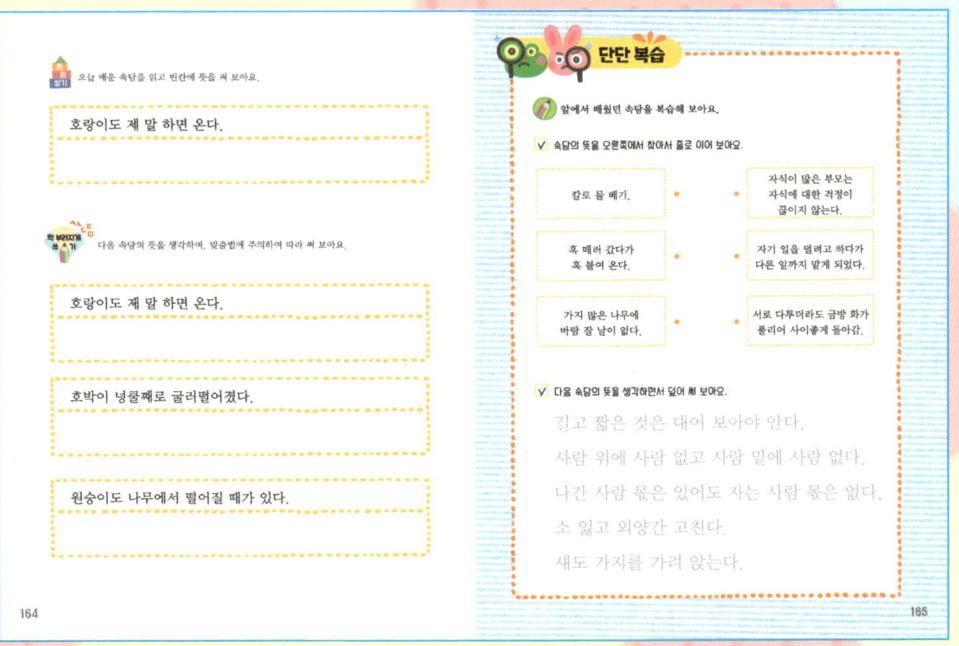

각 주에서 공부한 주요 내용을
총정리하는 부분입니다.

맞춤법이 틀리기 쉬운 낱말과
띄어쓰기에 주의해야 할
문장 들을 써 봅니다.

차례

1주 1일째 자음과 모음을 알아보아요. 15
오늘의 속담 • 낫 놓고 기역 자도 모른다.

1주 2일째 글자의 짜임을 알아보아요. 23
오늘의 속담 • 고양이 앞에 고기반찬.
• 돌다리도 두드려 보고 건너라.

1주 3일째 받침이 없는 글자를 익혀요. 31
오늘의 속담 • 나무에 오르라 하고 흔드는 격.

1주 4일째 이중 모음을 알아보아요. 39
오늘의 속담 • 겨 묻은 개가 똥 묻은 개를 나무란다.
• 눈 먼 자식이 효자 노릇 한다.

1주 5일째 받침이 있는 글자를 알아보아요.❶ 47
오늘의 속담 • 두 손에 떡.
• 뒷간에 갈 적 마음 다르고 올 적 마음 다르다.

2주 6일째 받침이 있는 글자를 알아보아요.❷ 55
오늘의 속담 • 낮말은 새가 듣고 밤말은 쥐가 듣는다.
• 남의 집 잔치에 감 놓아라 배 놓아라 한다.

2주 7일째 이중 모음과 받침으로 이루어진 글자를 알아보아요. 63
오늘의 속담 • 백지장도 맞들면 낫다.
• 열 길 물속은 알아도 한 길 사람의 속은 모른다.

2주 8일째 겹글자(쌍자음) ㄲ ㄸ ㅃ ㅆ ㅉ을 익혀요. 71
오늘의 속담 • 쥐면 꺼질까 불면 날까.
• 비 온 뒤에 땅이 굳어진다.

2주 9일째 받침이 있는 글자들의 소리를 익혀요. 79
오늘의 속담 • 천 리 길도 한 걸음부터.
• 죄는 지은 데로 가고 덕은 닦은 데로 간다.

2주 10일째 겹받침이 있는 글자를 익혀요.❶ 87
오늘의 속담 • 가지 많은 나무에 바람 잘 날이 없다.
• 길고 짧은 것은 대어 보아야 안다.

3주 11일째 겹받침이 있는 글자를 익혀요.❷ 95
　　　　　오늘의 속담 • 소 잃고 외양간 고친다.
　　　　　　　　　 • 굶기를 밥 먹듯 한다.

 3주 12일째 기본 문장 ❶ ▶임자말에 대해 알아보아요. 103
　　　　　오늘의 속담 • 하늘이 무너져도 솟아날 구멍이 있다.
　　　　　　　　　 • 가는 말이 고와야 오는 말이 곱다.

 3주 13일째 기본 문장 ❷ ▶움직임을 나타내는 풀이말에 대해 알아보아요. 111
　　　　　오늘의 속담 • 두 손뼉이 맞아야 소리가 난다.
　　　　　　　　　 • 발 없는 말이 천 리 간다.

 3주 14일째 기본 문장 ❸ ▶상태나 특성을 나타내는 풀이말에 대해 알아보아요. 119
　　　　　오늘의 속담 • 윗물이 맑아야 아랫물이 맑다.
　　　　　　　　　 • 솥은 검어도 밥은 검지 않다.

 3주 15일째 기본 문장 ❹ ▶부림말에 대해 알아보아요. 127
　　　　　오늘의 속담 • 우물을 파도 한 우물을 파라.
　　　　　　　　　 • 우물에 가 숭늉을 찾는다.

 4주 16일째 말과 문장의 순서를 알아보아요. 135
　　　　　오늘의 속담 • 열 번 찍어서 아니 넘어가는 나무가 없다.
　　　　　　　　　 • 배보다 배꼽이 더 크다.

 4주 17일째 문장 부호를 알아보아요. 143
　　　　　오늘의 속담 • 세 살 버릇이 여든까지 간다.
　　　　　　　　　 • 겨울이 지나지 않고 봄이 오랴!

 4주 18일째 알맞게 띄어 읽기와 쓰기를 배워요. 151
　　　　　오늘의 속담 • 티끌 모아 태산.
　　　　　　　　　 • 입은 비뚤어져도 말은 바로 해라.

 4주 19일째 흉내 내는 말 ❶ ▶소리를 흉내 내는 말을 배워요. 159
　　　　　오늘의 속담 • 호랑이도 제 말 하면 온다.
　　　　　　　　　 • 호박이 넝쿨째로 굴러떨어졌다.

4주 20일째 흉내 내는 말 ❷ ▶모양이나 행동을 흉내 내는 말을 배워요. 167
　　　　　오늘의 속담 • 번갯불에 콩 볶아 먹겠다.
　　　　　　　　　 • 닭 쫓던 개 지붕 쳐다보듯.

 정답 175

1주 1일째

자음과 모음을 알아보아요.

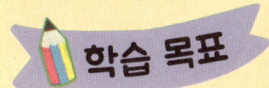
학습 목표
글자의 기본인 자음자와 모음자를 써 보아요.

학습 도우미
자음자와 모음자 쓰기를 확실히 익혀 두는 것은 더 어려운 글자를 아는 기초가 됩니다.

천 리 길도 한 걸음부터.

 어떤 일을 이루려고 열심히 노력하면 하늘도 성공할 수 있도록 도와준다는 뜻이에요.

 **속담이란?**
위와 같은 문장을 '속담'이라고 해요. 이 책에는 재미있는 속담이 가득 들어있어요. 속담은 짧은 말이지만 옛사람들이 삶에서 얻은 교훈이 아주 풍부하게 담겨 있답니다. 속담을 알면 여러분도 그만큼 지혜로워질 거예요. 지금부터 재미있는 속담을 알고 써 보기로 해요. 그런데 속담을 잘 쓰려면 글자 쓰기를 먼저 잘해야겠지요. 확실한 자모음부터 익혀 보아요.

 연필을 잡고 자음자를 바르게 써 보아요.

ㄱ	ㄴ	ㄷ	ㄹ	ㅁ	ㅂ	ㅅ
기역	니은	디귿	리을	미음	비읍	시옷
ㄱ	ㄴ	ㄷ	ㄹ	ㅁ	ㅂ	ㅅ
ㄱ	ㄴ	ㄷ	ㄹ	ㅁ	ㅂ	ㅅ

ㅇ	ㅈ	ㅊ	ㅋ	ㅌ	ㅍ	ㅎ
이응	지읒	치읓	키읔	티읕	피읖	히읗
ㅇ	ㅈ	ㅊ	ㅋ	ㅌ	ㅍ	ㅎ
ㅇ	ㅈ	ㅊ	ㅋ	ㅌ	ㅍ	ㅎ

재미있게 모음자를 써 보아요.

ㅏ	ㅑ	ㅓ	ㅕ	ㅗ
아	야	어	여	오
ㅏ	ㅑ	ㅓ	ㅕ	ㅗ
ㅏ	ㅑ	ㅓ	ㅕ	ㅗ

ㅛ	ㅜ	ㅠ	ㅡ	ㅣ
요	우	유	으	이
ㅛ	ㅜ	ㅠ	ㅡ	ㅣ
ㅛ	ㅜ	ㅠ	ㅡ	ㅣ

즐거운 요리 시간이에요. 모음자를 찾아 색칠하여 보세요.

 그림에서 자음자를 찾아 색칠하여 보세요.

단단 복습

✓ 아래 속담을 읽어 보고 덮어 써 보아요.

 기역 자 모양으로 생긴 낫을 보면서도 기역을 모른다는 뜻으로 매우 무식함을 말해요.

낫 놓고 기역 자도 모른다.

낫 놓고 기역 자도 모른다.

✓ 내 이름을 써 보아요.

_____

✓ 좋아하는 친구의 이름을 써 보아요.

_____

첫날 공부를 마쳤어요. 우리 함께 신나게 공부해요! 오늘 날짜에 색칠하세요.

1주 2일째

글자의 짜임을 알아보아요.

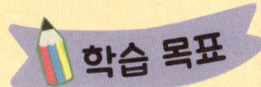
학습 목표
글자의 짜임을 생각하여 낱말을 읽어 보아요.

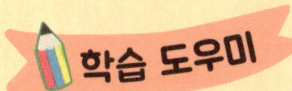
학습 도우미
받침이 없는 글자의 짜임을 익혀보고
점점 더 복잡한 글자를 알아 가도록 해요.

 자음자와 모음자가 모이면 한 글자가 되어요.

✓ 자음자와 모음자가 가로로 만나 글자를 만들어요.

나 = ㄴ + ㅏ

✓ 자음자와 모음자가 세로로 만나 글자를 만들어요.

소 = ㅅ + ㅗ

단어의 짜임을 생각하면서 자음자와 모음자를 나누어 써 보아요.

차 = ☐ + ☐

무 = ☐ + ☐

다음 자음자와 모음자로 이루어진 글자를 따라 쓰고 읽어 보아요.

	ㅏ	ㅓ	ㅗ	ㅜ	ㅡ	ㅣ
ㄱ	가	거	고	구	그	기
ㄴ	나	너	노	누	느	니
ㄷ	다	더	도	두	드	디
ㄹ	라	러	로	루	르	리
ㅁ	마	머	모	무	므	미
ㅂ	바	버	보	부	브	비
ㅅ	사	서	소	수	스	시

 다음 자음자와 모음자로 이루어진 글자를 따라 써 보고 읽어 보아요.

	ㅏ	ㅓ	ㅗ	ㅜ	ㅡ	ㅣ
ㅇ	아	어	오	우	으	이
ㅈ	자	저	조	주	즈	지
ㅊ	차	처	초	추	츠	치
ㅋ	카	커	코	쿠	크	키
ㅌ	타	터	토	투	트	티
ㅍ	파	퍼	포	푸	프	피
ㅎ	하	허	호	후	흐	히

글자의 짜임을 생각하며 자음자와 모음자를 나누어 써 보고, 글자를 덮어 써 보아요.

구 = ㄱ + ㅜ

구　구　구

 글자의 짜임을 생각하며 덮어 써 보아요.

차 = ㅊ ㅏ

기차　기차　기차

비 = ㅂ ㅣ

나비　나비　나비

 복주머니에서 ㄱ으로 시작되는 낱말을 찾아 ◯표 해 보아요.

털　　　　콧구멍
연필　처음　피자
고구마　나비　고무신
거울　밥상　　마당
사람　다리　가을
나무　책　자라

단단 복습

✓ 다음 속담에서 ㄱ이 들어간 글자를 찾아 ◯표 해 보아요.

고양이 앞에 고기반찬.

 워낙 탐을 내서 다른 사람이 손 댈 틈도 없이 재빨리 차지해 버리는 것을 말해요.

⓪양이 앞에 고기반찬.

✓ 글자 벽돌이 내려오고 있어요. 아래 그림에 맞는 벽돌을 찾아 ◯표 해 보아요.

 참 잘했어요.
오늘 공부한 날짜에 색칠하세요.

1주 3일째

받침이 없는 글자를 익혀요.

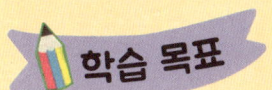 **학습 목표**
받침이 없는 글자의 짜임을 생각하여 낱말을 읽어 보아요.

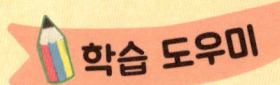 **학습 도우미**
받침이 없는 글자의 모양을 알아 바르게 써요.

 글자의 모양에 맞게 바르게 써 보아요.

☑ ㄱ, ㄴ, ㄷ이 들어간 글자를 써 보아요.

☑ ㄹ, ㅁ, ㅂ이 들어간 글자를 써 보아요.

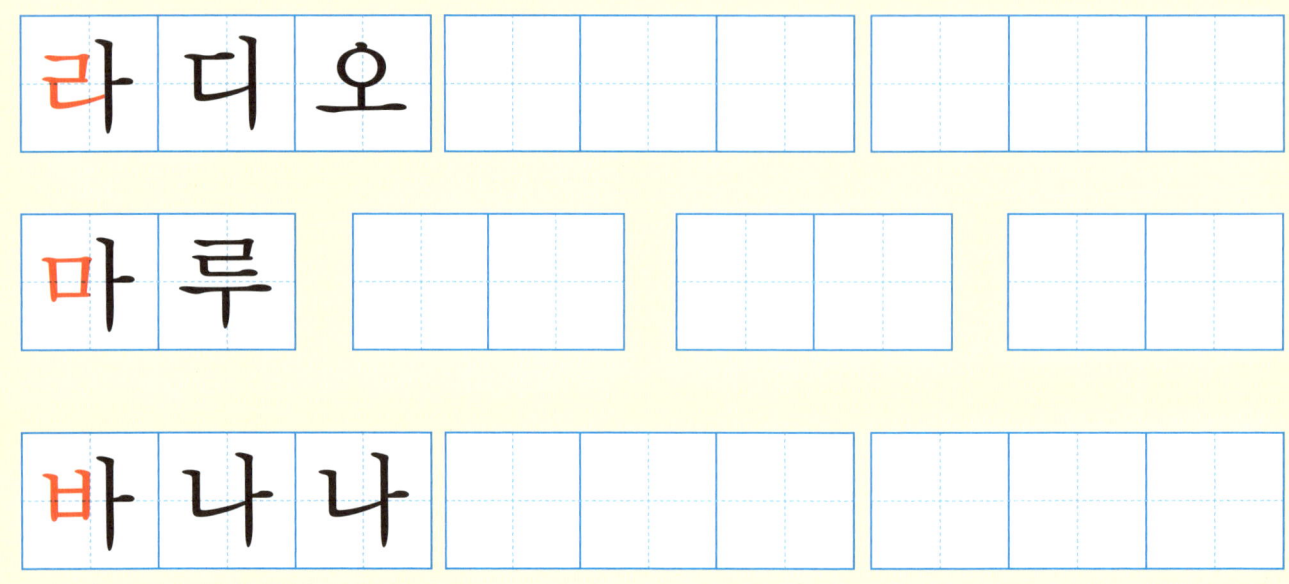

☑ ㅅ, ㅇ, ㅈ이 들어간 글자를 써 보아요.

| 사 자 |
| 아 기 |
| 자 루 |

☑ ㅊ, ㅋ, ㅌ이 들어간 글자를 써 보아요.

| 차 표 |
| 커 피 |
| 터 지 다 |

☑ ㅍ, ㅎ이 들어간 글자를 써 보아요.

| 파 리 |
| 하 루 |

보기와 같이 말머리로 말 잇기 놀이를 해 보아요.

> **ㄴ으로 시작하는 말**
> 보기 〉
> 나무 ❋ 나이테 ❋ 나팔꽃 ❋ 나물

✅ ㅁ으로 시작하는 말

머리 ❋ 말 ❋ ☐ ❋ ☐

✅ ㅂ으로 시작하는 말

부모 ❋ 바람 ❋ ☐ ❋ ☐

✅ ㅅ으로 시작하는 말

사과 ❋ 상자 ❋ ☐ ❋ ☐

다음 속담에 나오는 빨간색 글자를 아래 표에서 모두 찾아 ◯표 해 보아요.

나무에 오르라 하고 흔드는 격.

 위해 주는 것처럼 하더니, 뒤에 가서 곤란한 일에 빠뜨린다는 뜻이에요.

	ㅏ	ㅓ	ㅗ	ㅜ	ㅡ	ㅣ
ㄴ	나	너	노	누	느	니
ㄷ	다	더	도	두	드	디
ㄹ	라	러	로	루	르	리
ㅁ	마	머	모	무	므	미
ㅇ	아	어	오	우	으	이
ㅎ	하	허	호	후	흐	히

튼튼쌓기 다음 낱말을 덮어 쓰고 숨은 그림을 찾아 보아요

| 우 | 산 | | 코 | 끼 | 리 | | 자 | 동 | 차 |

단단 복습

✔ 속담에 맞는 뜻을 찾아 각각 줄로 이어 보아요.

| 낫 놓고 기역 자도 모른다. | • | • | 위해 주는 것처럼 하더니, 뒤에 가서 곤란한 일에 빠뜨린다. |

| 나무에 오르라 하고 흔드는 격. | • | • | 워낙 탐을 내서 다른 사람이 손 댈 틈도 없이 재빨리 차지해 버린다. |

| 고양이 앞에 고기 반찬. | • | • | 기역 자 모양으로 생긴 낫을 보면서도 기역을 모를 만큼 무식하다. |

✔ 다음 속담을 덮어 써 보아요.

낫 놓고 기역 자도 모른다.

고양이 앞에 고기반찬.

나무에 오르라 하고 흔드는 격.

잘했어요. 앞으로도 잘해 나가기로 해요.
오늘 공부한 날짜에 색칠하세요.

1주 4일째

이중 모음을 알아보아요.

✏️ 학습 목표
이중 모음(ㅑ, ㅒ, ㅕ, ㅖ, ㅘ, ㅙ, ㅛ, ㅝ, ㅞ, ㅠ, ㅢ)이 있는 글자를 익혀보아요.

✏️ 학습 도우미
이중 모음으로 만든 받침 없는 글자의 짜임을 알고 점점 더 복잡한 글자를 알아 가요.

겨 묻은 개가 똥 묻은 개를 나무란다.

 자신에게 결점이 있는 것은 모르고 남의 결점만 나무란다는 말이에요.
속담에서 나오는 '겨'는 벼, 보리 같은 곡식에서 벗겨 낸 껍질을 말해요.

 이중 모음을 좀 더 알아보아요.
위 속담에서 '겨'의 'ㅕ', '왜'의 'ㅙ'를 이중 모음이라고 해요. 이중 모음에는
'ㅑ, ㅒ, ㅕ, ㅖ, ㅘ, ㅙ, ㅛ, ㅝ, ㅞ, ㅠ, ㅢ' 같은 글자가 있어요. 빈칸에 따라 써 보아요.

ㅑ	ㅒ	ㅕ	ㅖ	ㅘ	ㅙ	ㅛ	ㅝ	ㅞ	ㅠ	ㅢ

 이중 모음으로 이루어진 글자를 알아보아요. 자음자와 모음자가 모이면 한 글자가 되어요.

겨 = ㄱ + ㅕ

왜 = 오 + ㅐ

 낱말의 짜임을 생각하면서 따라 써 보아요.

과	자	겨	울	표	의	자

 오늘 배운 속담의 뜻을 생각하면서 덮어 쓰고, 한 번 더 밑줄 위에 써 보아요.

겨 묻은 개가 똥 묻은 개를 나무란다.

 이중 모음으로 이루어진 글자를 덮어 쓰며 익혀 보아요.

	ㅑ	ㅒ	ㅕ	ㅖ	ㅘ	ㅙ	ㅛ	ㅝ	ㅞ	ㅠ	ㅢ
ㄱ	갸	걔	겨	계	과	괘	교	궈	궤	규	긔
ㄴ	냐		녀	녜	놔	놰	뇨	눠		뉴	늬
ㄷ			뎌	뎨		돼	됴	둬	뒈	듀	듸
ㄹ	랴		려		롸		료	뤄	뤠	류	릐
ㅁ	먀		며				묘	뭐	뭬	뮤	믜
ㅂ			벼		봐		뵤	붜	붸	뷰	
ㅅ	샤		셔	셰	솨	쇄	쇼	쉬	쉐	슈	
ㅇ	야	애	여	예	와	왜	요	워	웨	유	의
ㅈ	쟈	쟤	져		좌	좨	죠	줘	줴	쥬	
ㅊ			쳐		촤		쵸	춰	췌	츄	
ㅋ	캬		켜		콰	쾌	쿄	쿼	퀘	큐	
ㅌ	탸		텨				툐	퉈	퉤	튜	틔
ㅍ			펴				표	풔	풰	퓨	픠
ㅎ			혀	혜	화	홰	효	훠	훼	휴	희

 다음 속담을 읽고 이중 모음이 들어간 글자를 찾아 표 해 보아요.

무슨 일이든 주의를 기울여 가며 하라는 말이에요.

돌다리도 두드려 보고 건너라.

 **'애'와 '얘'는 어떻게 다를까요?**

'애'는 '아이'의 준말이고 '얘'는 '이 아이'의 준말로 가까이 있는 아이를 가리킬 때 쓰는 말이에요. 이중 모음에는 헷갈리기 쉬운 말이 많으니 구분하여 기억해 두세요.

애

얘

보기에서 알맞은 낱말을 찾아 빈칸에 써 보아요.

> 보기 > 휴지   쓰레기   벼   효자   시계

못 쓰게 되어 버린 것이나 버리게 된 것을 ☐☐☐ 라고 합니다.

닦거나 코를 풀거나 할 때 사용하는 얇은 종이를 ☐☐ 라고 합니다.

☐☐ 는 시간을 보거나 재기 위해 사용하는 기계입니다.

☐ 는 찧어서 껍질을 벗기면 쌀이 되는 것을 말합니다.

부모를 잘 섬기는 아들을 ☐☐ 라고 합니다.

 **단단 복습**

✓ 이중 모음으로 된 글자에 ◯표 하고, 속담의 뜻을 알아보아요.

> 눈 먼 자식이 효자 노릇한다.

 기대하지 않던 사람에게 은혜를 입을 수 있다는 뜻이에요.

> 여우를 피해서 호랑이를 만났다.

 갈수록 더욱더 힘든 일을 당하는 것을 빗대서 하는 말이에요.

> 겨울이 지나지 않고 봄이 오랴.

 무슨 일이나 거쳐야 할 것이 있으면 지나가야 한다는 뜻으로, 급하다고 억지로 될 수 없음을 말해요.

✓ 위 속담을 한 번 더 덮어 써 보아요.

눈 먼 자식이 효자 노릇한다.
여우를 피해서 호랑이를 만났다.
겨울이 지나지 않고 봄이 오랴.

 멋져요! 어느덧 꽤 많이 공부했지요?
오늘 공부한 날짜에 색칠하세요.

1주 5일째

받침이 있는 글자를 알아보아요. 1

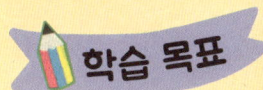 **학습 목표**
받침(ㄱ, ㄴ, ㄹ, ㅁ, ㅅ, ㅇ, ㅋ)으로 만들어진 글자에 대해 알아보아요.

학습 도우미
단모음과 받침이 있는 글자의 모양을 익히고 써요.

두 손에 떡.

 두 손에 떡을 들고 어느 것을 먹어야 할까 고민하는 말로, 두 가지 일 중 어느 것을 먼저 해야 할지 모를 때 쓰는 말이에요.

 자음자 + 모음자의 단어에 자음자가 더해지면 새로운 단어가 되어요. 끝에 더해지는 자음자를 받침이라고 해요.

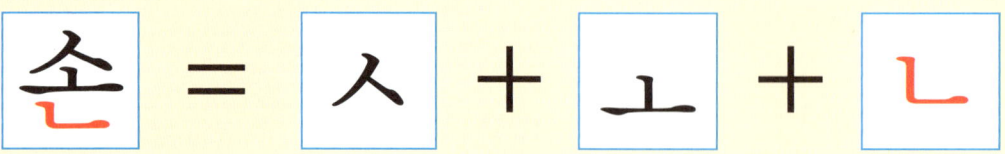

→ '손'에서 글자 '소'의 끝에 더해지는 'ㄴ'을 받침이라고 해요.

 받침에는 ㄱ, ㄴ, ㄹ, ㅁ, ㅅ, ㅇ, ㅋ 등과 같은 자음이 있어요.

 받침이 생기면 뜻이 달라져요. 어떻게 다른지 비교해 보아요.

| 파 | 팔 | 차 | 창 |

 글자의 짜임을 생각하며 덮어 써 보아요.

문 = ㅁ + ㅜ + ㄴ

문　문　문　문

총 = ㅊ + ㅗ + ㅇ

총　총　총　총

 받침 ㅅ, ㅁ, ㅋ 이 들어간 낱말을 써 보아요.

 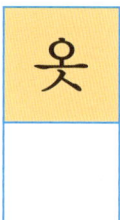 옷  옷  옷

 엄마  엄마  엄마

 부엌 부엌  부엌

 다음 속담에서 받침이 있는 글자를 모두 찾아 ◯표 해 보아요.

뒷간에 갈 적 마음 다르고 올 적 마음 다르다.

 자기가 필요할 때와 볼 일을 다 보고 난 뒤의 마음이 다르다는 말로 처음과 끝이 다를 때 쓰는 말이에요.

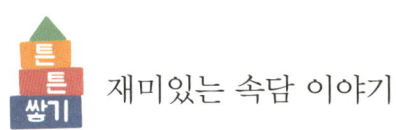
재미있는 속담 이야기

뒷간에 갈 적 마음 다르고 올 적 마음 다르다.

글씨를 쓸 때는 글꼴에 맞추어 써야 알아보기도 쉽고 모양도 예뻐요.
글꼴에 맞는 글씨 쓰기를 알아보아요.

✔ 자음+모음(ㅗ, ㅡ)이 합쳐진 글자는 △ 모양에 맞춰 써요.

오 리

그 네

✔ 자음 +모음(ㅏ, ㅓ, ㅣ)이 합쳐진 글자는 ◁ 모양에 맞춰 써요.

바 다

어머니

기차

☑ 자음+모음(ㅜ)이 합쳐진 글자는 ◇ 모양에 맞춰 써요.

구

무지개

아주 잘했어요!
오늘 공부한 날짜에 색칠하세요.

2주 6일째

받침이 있는 글자를 알아보아요. 2

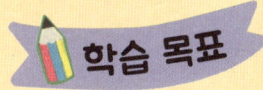

받침(ㄷ, ㅌ, ㅈ, ㅊ, ㅂ, ㅍ, ㅎ)으로 만들어진 글자에 대해 알아보아요.

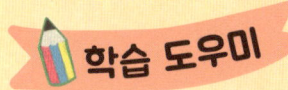

단모음과 받침이 있는 글자의 모양과 소리 등을 익혀요.

낮말은 새가 듣고 밤말은 쥐가 듣는다.

 밖으로 나온 말은 언제 어디서든 새어 나가니 말조심을 하라는 뜻이에요.

 지난 시간에는 받침 ㄱ, ㄴ, ㄹ, ㅁ, ㅅ, ㅇ, ㅋ을 배웠어요.
이번에는 받침 ㄷ, ㅌ, ㅈ, ㅊ, ㅂ, ㅍ, ㅎ을 배워 보아요.

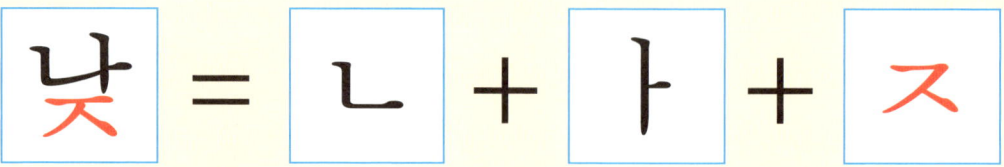

→ 글자 '낮'에는 받침 ㅈ이 있어요.

 위 속담에서 받침인 자음자를 모두 찾아 써 보아요.

 받침 ㅂ과 ㅎ을 알아보아요.

 남의 일에 쓸데없이 참견을 하는 것을 말해요.

| 집 | = | ㅈ | + | ㅣ | + | ㅂ |

→ 글자 '집'에는 받침 ㅂ이 있어요.

| 놓 | = | ㄴ | + | ㅗ | + | ㅎ |

→ 글자 '놓'에는 받침 ㅎ이 있어요.

 받침이 있는 글자를 빈칸에 따라 써 보아요.

| 집 | 집 | 놓 | 아 | 라 | 놓 | 아 | 라 |

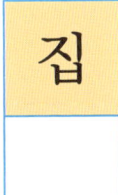

 받침 ㅊ과 ㅌ을 알아보아요.

빛 좋은 개살구.

 겉으로 보기에는 그럴 듯해도 사실은 별것이 없음을 뜻해요.

 빛 = ㅂ + ㅣ + ㅊ

→ 글자 '빛'에는 받침 ㅊ이 있어요.

콩 심은 데 콩 나고 **팥** 심은 데 **팥** 난다.

 모든 결과에는 그것을 낳은 원인이 있다는 말이에요.

 팥 = ㅍ + ㅏ + ㅌ

→ 글자 '팥'에는 받침 ㅌ이 있어요.

 받침 ㅍ을 알아보아요.

엎지른 물.

 이미 벌어져서 돌이키기 어려운 일을 말해요.

엎 = ㅇ + ㅓ + **ㅍ**

→ 글자 '엎'에는 받침 ㅍ이 있어요.

 받침 ㅍ이 들어간 낱말을 덮어 써 보고, 빈칸에 한 번 더 써 보아요.

 | 풀 | 잎 | | 풀 | 잎 | | 풀 | 잎 |

 왼쪽의 속담에 맞는 뜻을 찾아 사다리 타기를 해 보아요.

낮말은 새가 듣고 밤말은 쥐가 듣는다.	원인에 따라 결과가 생기는 법이다.
남의 집 잔치에 감 놓아라 배 놓아라 한다.	이미 되돌리기 어려운 일이다.
빛 좋은 개살구.	쓸데없이 남의 일에 참견한다.
콩 심은 데 콩 나고 팥 심은 데 팥 난다.	겉만 번지르르하고 실속이 없다.
엎지른 물.	비밀은 지켜지기 어려우니 말을 조심해라.

단단 복습

☑ 오늘 배운 속담을 덮어 쓰고 밑줄 위에 한 번 더 써 보아요.

낮말은 새가 듣고 밤말은 쥐가 듣는다.
_____

빛 좋은 개살구.
_____

남의 집 잔치에 감 놓아라 배 놓아라 한다.
_____

엎지른 물.
_____

콩 심은 데 콩 나고 팥 심은 데 팥 난다.
_____

아주 잘했어요!
오늘 공부한 날짜에 색칠하세요.

2주 7일째

이중 모음과 받침으로 이루어진 글자를 알아보아요.

학습 목표
이중 모음(ㅑ, ㅒ, ㅕ, ㅖ, ㅘ, ㅙ, ㅛ, ㅝ, ㅞ, ㅠ, ㅢ)과 받침으로 만들어진 글자를 익히고 받침의 소리를 배워요.

학습 도우미
점점 더 복잡한 글자들의 모양을 알고 쓰는 법을 익혀요.
그 글자들의 소리까지 알면 정확한 쓰기에 도움이 된답니다.

백지장도 맞들면 낫다.

 쉽건 어렵건 서로 힘을 합하면 더 쉽게 할 수 있다는 뜻이에요.

위 속담 안에 '면'은 이중 모음(ㅑ, ㅒ, ㅕ, ㅖ, ㅘ, ㅙ, ㅛ, ㅝ, ㅞ, ㅠ, ㅢ)과 받침으로 이루어진 글자에요. 익혀보고 덮어 써 보아요.

면 = ㅁ + ㅕ + ㄴ   면

→ 글자 '면'에는 이중모음 'ㅕ'와 받침 'ㄴ'이 있어요.

 다음 속담을 이중 모음에 주의하며 읽어 보아요.

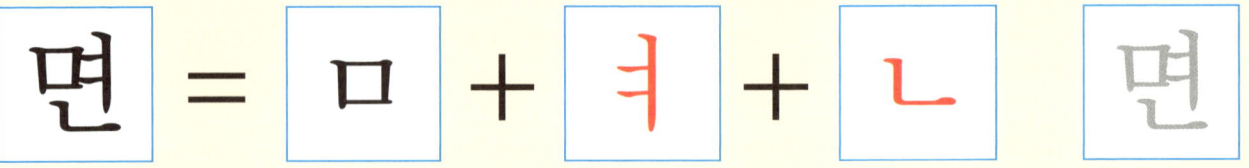

열 길 물속은 알아도 한 길 사람의 속은 모른다.

 사람의 속마음은 잘 알 수가 없음을 뜻하는 말이에요.

다음 속담에서 이중 모음과 받침으로 이루어진 글자를 찾아 ○표 해 보아요.

열 길 물속은 알아도 한 길 사람의 속은 모른다.

어휘가 힘

말에는 본말과 그 말을 줄인 말이 있어요.
같은 짝의 장갑을 찾아 줄을 이으면서 본말과 줄인 말을 익혀보아요.

- 애
- 사이 —— 그 아이
- 이야기
- 얘기
- 새
- 개
- 이 아이

65

 **발음 해결사** 음절의 끝소리 규칙 ▶ 받침의 소리를 익혀 보아요.

우리말에서 받침소리는 ㄱ, ㄴ, ㄷ, ㄹ, ㅁ, ㅂ, ㅇ의 7개 자음으로만 발음해요.
단어의 끝에 있는 받침 ㄱ, ㄴ, ㄷ, ㄹ, ㅁ, ㅂ, ㅇ은 그대로,
ㅅ, ㅈ, ㅊ, ㅌ, ㅋ, ㅍ은 각각 대표음인 [ㄱ, ㄷ, ㅂ]으로 발음해요.

받침 자음　　　대표음　　　　　　　예시

ㅅ
ㅈ
ㅊ   은   ㄷ   으로 소리 나요.   옷 [옫]
ㅌ   낮 [낟]
                                    꽃 [꼳]
                                    팥 [팓]

받침 ㅋ 은 ㄱ 으로 소리 나요.   부엌 [부억]

받침 ㅍ 은 ㅂ 으로 소리 나요.   앞 [압]

→ [ ]은 발음하는 소리를
　　나타낼 때 쓰는 기호예요.

다음 받침이 있는 글자의 소리를 바르게 읽고 덮어 쓴 뒤, 빈칸에 한 번 더 써 보아요.

[받]

 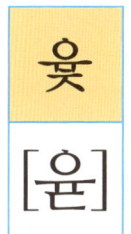
[윤]

→ '밭' 글자의 받침 ㅌ은 대표 소리인 ㄷ으로 소리 나요.

 | 키 | 윽 |
|---|---|
| [키윽] | |

→ '윽' 글자의 받침 ㅋ은 대표 소리인 ㄱ으로 소리 나요.

 | 헝 | 겊 |
|---|---|
| [헝겁] | |

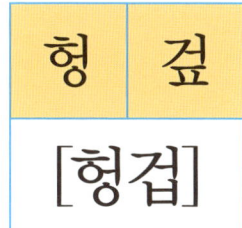  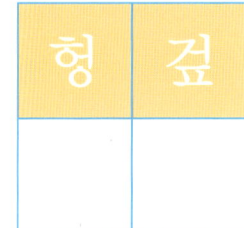

→ 헝겊의 발음 [헝:겁]에서 ':'표시는 보통보다 긴소리가 날 때 써요.

 **'왠'과 '웬'을 구분해요.**

'왠'은 '왜인지'를 줄인 말이고, '웬'은 '어찌 된'이라는 말이에요.

오늘은 왠지 모르게 행복하다. ⇨ 오늘은 왜인지 모르게 행복하다.

웬일이야? ⇨ 어찌 된 일이야?

 글꼴에 맞는 글씨 쓰기를 알아보아요.

☑ 자음+모음(ㅗ, ㅛ, ㅡ)으로 이루어진 글자는 △ 모양에 맞춰 써요.

☑ 자음+모음(ㅜ, ㅠ)으로 이루어진 글자는 ◇ 모양에 맞춰 써요.

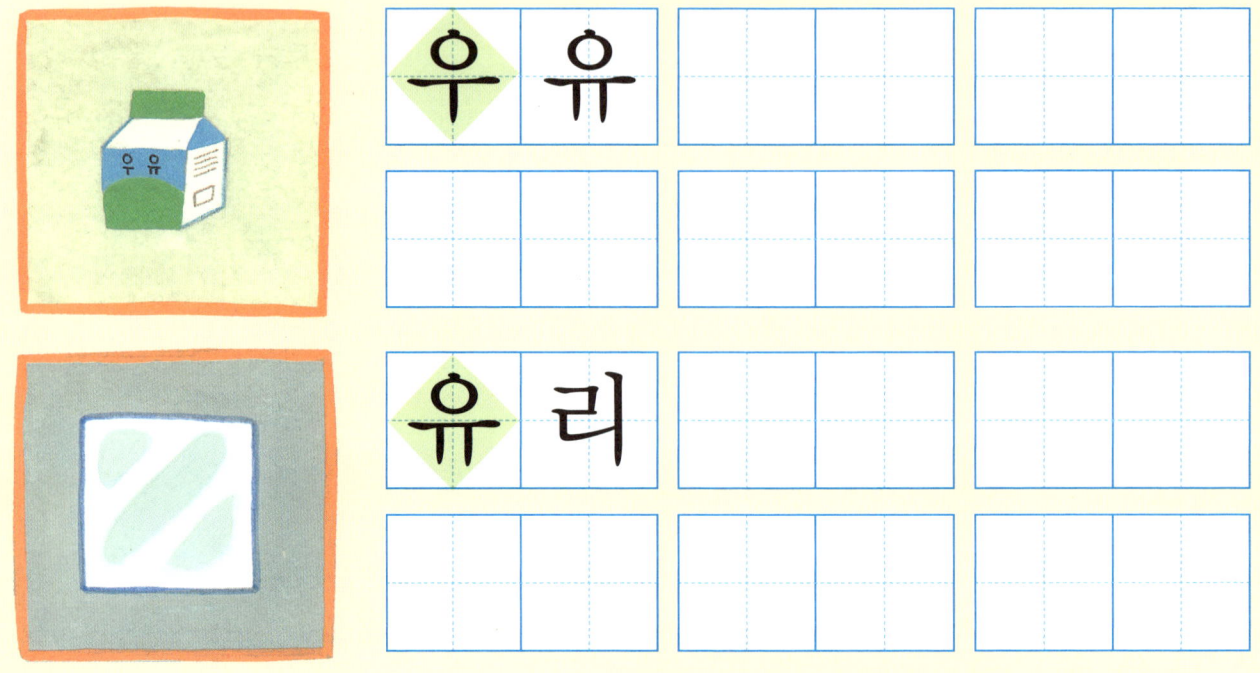

☑ 자음+모음(ㅏ, ㅑ, ㅓ, ㅕ, ㅐ, ㅔ, ㅣ)으로 이루어진 글자는 ◁ 모양에 맞춰 써요.

☑ 자음+모음(ㅗ, ㅛ, ㅜ, ㅠ, ㅡ)+자음으로 이루어진 글자는 ◇ 모양에 맞춰 써요.

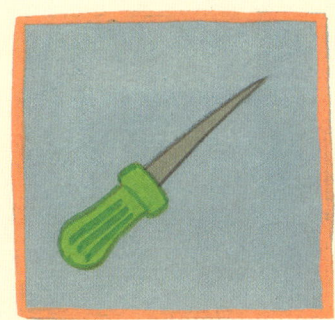

오늘 배운 속담을 뜻을 생각하며 덮어 써 보아요.

백지장도 맞들면 낫다.

열 길 물속은 알아도
한 길 사람의 속은 모른다.

지금까지 글자의 구성에 대해 공부했어요.
참 잘했어요. 오늘 날짜에 색칠하세요.

2주 8일째

겹글자(쌍자음) ㄲ ㄸ ㅃ ㅆ ㅉ을 익혀요.

학습 목표
겹글자로 이루어진 글자를 알고 소리 내는 법도 익혀보아요.

학습 도우미
겹글자가 들어간 글자는 복잡해서 정확하게 구분할 수 있도록 익히지 않으면 헷갈리기 쉬워요. 발음하는 방법도 확실히 알아 두세요.

쥐면 꺼질까 불면 날까.

 매우 소중하게 여기면서 자녀를 기르는 것을 나타낸 말이에요.

 위 속담에 있는 글자 중 '까'와 '꺼'의 'ㄲ'을 겹글자라고 해요. 겹글자는 똑같은 자음 2개가 쌍둥이처럼 붙어 있지요. 겹글자에는 'ㄲ, ㄸ, ㅃ, ㅆ, ㅉ'이 있어요. 다음을 덮어 써 보아요.

| 까 | = | ㄲ | + | ㅏ | | 꺼 | = | ㄲ | + | ㅓ |

꺼		까		꺼	질	까		날	까

☑ 다음 속담을 읽어 보고 겹글자의 쓰임을 알아보아요.

> 비 온 뒤에 땅이 굳어진다.

 어렵고 힘든 일을 겪은 다음에는 더 알차고 단단하게 된다는 뜻이에요.

땅 = ㄸ + ㅏ + ㅇ

→ 글자 '땅'에는 겹글자 ㄸ이 있어요.

> 울타리 밖을 모르다.

 세상일의 만만치 않음을 잘 모르는 사람에게 쓰는 말이에요.

밖 = ㅂ + ㅏ + ㄲ

→ 글자 '밖'의 받침에는 겹글자 ㄲ이 있어요.

 음절의 끝소리 규칙 ▶ 받침의 소리를 익혀 보아요.

겹글자 ㄲ, ㅆ 이 받침으로 쓰일 때는 대표 소리인 [ㄱ], [ㄷ]으로 소리가 나요.

글자	[발음]	글자	[발음]
밖	[박]	있(다)	[읻](다)

73

 **'된소리되기'에 대해 알아보아요.**

ㄱ, ㄷ, ㅂ, ㅅ, ㅈ이 ㄲ, ㄸ, ㅃ, ㅆ, ㅉ의 된소리로 발음이 되는 것을 말해요.

앞 글자 받침	뒤 글자 첫소리	발음	예
ㄱ ㄷ ㅂ	ㄱ ㄷ ㅂ ㅅ ㅈ 이 오면	뒤 글자 첫소리가 ㄲ ㄸ ㅃ ㅆ ㅉ 로 소리 나요.	축구[축꾸], 입술[입쑬] 듣다[듣따], 밥솥[밥쏟] 색종이[색쫑이], 국밥[국빱] 택시[택씨], 백두산[백뚜산] 액자[액짜], 책가방[책까방]
ㄴ ㄹ ㅁ ㅇ			용돈[용ː똔], 물결[물껼] 글자[글짜], 발바닥[발빠닥]
ㅋ ㅍ ㄲ			덮밥[덥빱], 닦다[닥따] 앞다리[압따리], 섞다[석따] 엎드려[업뜨려], 옆줄[엽쭐] 잎사귀[입싸귀]
ㅅ ㅆ ㅈ ㅊ ㅌ			곶감[곧깜], 밑줄[믿쭐] 옆집[엽찝], 옷고름[옫꼬름] 빼앗다[빼앋따], 맛살[맏쌀] 숫자[수ː짜], 꽃밭[꼳빧]

 자음이 겹글자로 바뀌면 달라지는 낱말을 알아보고 따라 써 보아요.

 앞에서 배운 속담의 뜻을 익히며 덮어 써 보아요.

1. 쥐면 꺼질까 불면 날까.
2. 비 온 뒤에 땅이 굳어진다.
3. 울타리 밖을 모르다.

 위의 속담을 소리 내어 읽으며 한 번 더 써 보아요.

1. _____
2. _____
3. _____

 겹글자가 들어간 낱말을 알아보아요. 앞의 말을 반복하고 한 개씩 낱말을 덧붙이는 '말 덧붙이기' 놀이에요. 큰 소리로 읽고, 아래 낱말들을 따라 써 보세요.

시장에 가면

시장에 가면

빵도 있고

➡

시장에 가면

빵도 있고
떡도 있고

➡

시장에 가면

빵도 있고
떡도 있고
딸기도 있고

시장에 가면

빵도 있고
떡도 있고
붕어빵도 있고

➡

시장에 가면

빵도 있고
떡도 있고
딸기도 있고
떡볶이도 있고

➡

시장에 가면

빵도 있고
떡도 있고
딸기도 있고
붕어빵도 있고
뻥튀기도 있고

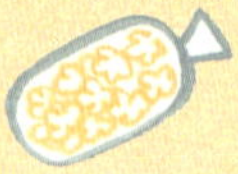

딸	기

붕	어	빵

떡	볶	이

단단 복습

☑ 백설공주가 궁궐에서 도망치고 있어요. 연못을 건너 난쟁이의 집에 갈 수 있도록 맞춤법이 맞는 낱말의 징검다리를 골라 주세요.

 대단해요! 정말 수고했어요.
오늘 날짜에 색칠하세요.

2주 9일째

받침이 있는 글자들의 소리를 익혀요.

 학습 목표
연음 법칙에 대해 알아보고 헷갈리기 쉬운 글자를 구분해 보아요.

 학습 도우미
받침이 소리 나는 규칙을 아는 것은
바르게 읽기와 받아쓰기에 많은 도움이 됩니다.

천 리 길도 한 걸음부터.

 어떤 일을 이루려고 열심히 노력하면 하늘도 성공할 수 있도록 도와준다는 뜻이에요.

 다음 낱말을 바르게 읽고 덮어 쓴 뒤, 빈칸에 한 번 더 써 보아요.

글자	[발음]	덮어 쓰기	쓰기
걸음	[거름]	걸음	

  연음 법칙이란 무엇일까요?

'걸음'은 '거름'으로 소리가 나요. 이처럼 앞 글자의 받침이 모음으로 시작되는 뒤 글자의 첫 소리로 발음되는 것을 '연음 법칙'이라고 해요.

다음 낱말을 소리 나는 대로 쓴 뒤, 맞춤법에 맞게 써 보아요.

글자	[발음]	덮어 쓰기	쓰기
얼음	[ ]	얼음	

다음 속담의 낱말을 바르게 읽고 덮어 쓴 뒤, 빈칸에 한 번 더 써 보아요.

업은 아이 삼 년 찾는다.

가까운 곳에 두고 멀리 찾아다니는 것을 말해요.

글자	[발음]	덮어 쓰기	쓰기
업은	[어븐]	업은	

같은 값이면 다홍치마.

같은 값이면 더 이익이 많은 것을 택한다는 말이에요.

글자	[발음]	덮어 쓰기	쓰기
같은	[가튼]	같은	

 'ㅔ'와 'ㅐ'가 들어간 글자는 잘 구분하여 기억하지 않으면 헷갈리기 쉬워요.
속담 익히기를 통해서 'ㅔ'와 'ㅐ'의 쓰임을 구분하여 보아요.

죄는 지은 데로 가고 덕은 닦은 데로 간다.

 죄를 지으면 벌을 받고 좋은 일을 하면 복을 받는다는 말이에요.

칼로 물 베기.

 어떤 일의 결과가 심각하지 않음 또는 서로 다투더라도 금방 화가 풀리어 사이가 좋게 돌아감을 뜻해요.

혹 떼러 갔다가 혹 붙여 온다.

 좋은 결과를 생각하고 갔다가, 원하지 않은 일을 당했을 때 이 말을 해요.

☑ 위 속담 중에서 ㅔ와 ㅐ가 들어간 글자를 써 보아요.

데	데	

베	기	베	기		

떼	러	떼	러	

 모음 'ㅔ'와 'ㅐ'를 바르게 쓴 낱말에 색칠해 보아요. 어떤 글자가 보이나요?

모레밭	해	함께
셋	개구리	숙제
게시판	돌멩이	세수
숙재	샛	쓰래기
돌맹이	쓰레기	함깨
바람개비	빨래	모래밭
멥다	바람게비	빨레
도대체	맵다	잽싸다
뱀	제미있다	해
개구리	헤매다	돌멩이

83

 집에서 놀이터로 가려고 해요. 무서운 동물들을 피해서 가려면 맞춤법이 맞는 말을 골라 가야 해요. 헷갈리기 쉬운 말을 잘 구분해 보세요.

 쓰는 글자는 다른데 발음이 같아서 헷갈리는 말들이 있어요.

✓ 거름과 걸음 : '거름'은 식물이 잘 자라도록 하기 위해 주는 영양분이에요.
'걸음'은 걷기 위해 두 발을 옮겨 놓는 것을 말해요.

✓ 반드시와 반듯이 : '반드시'는 틀림없이, '반듯이'는 비뚤어지지 않게 바르게라는 뜻이에요.

✓ 지금까지 배운 속담을 덮어 써 보아요.

천 리 길도 한 걸음부터.

업은 아이 삼 년 찾는다.

같은 값이면 다홍치마.

죄는 지은 데로 가고 덕은 닦은 데로 간다.

칼로 물 베기.

혹 떼러 갔다가 혹 붙여 온다.

참 잘했어요! 어느덧 아는 속담이 꽤 많아졌지요. 오늘 공부한 날짜에 색칠하세요.

2주 10일째

겹받침이 있는 글자를 익혀요. 1

학습 목표

ㄴㅎ, ㄹㅂ, ㅂㅅ, ㄱㅅ 받침을 발음하고 써 보아요.

학습 도우미

겹받침은 받아쓰기에서 가장 많이 틀리는 거예요.
확실히 알아서 받아쓰기를 정복해요.

가지 많은 나무에 바람 잘 날이 없다.

 자식이 많은 부모는 자식에 대한 근심 걱정이 끊이지 않는다는 말이에요.

 다음 낱말을 빈칸에 따라 써 보아요.

   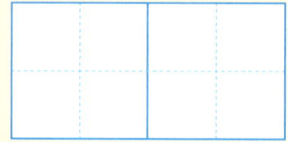

'많'의 받침 ㄶ은 ㄴ+ㅎ 이 합쳐져 있어요.
이렇게 두 개의 자음자로 이루어진 받침을 **겹받침**이라고 해요.

 다음 겹받침이 들어간 낱말을 빈칸에 따라 써 보아요.

   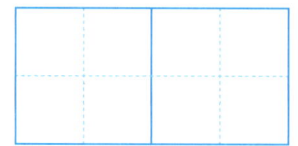

 겹받침 ㄼ과 ㅄ이 들어간 속담을 알아보아요.

✓ 겹받침 ㄼ

길고 짧은 것은 대어 보아야 안다.

 누가 더 나은지, 그 일이 어떤 지는 실제 겪어 보아야만 알 수 있다는 뜻이에요.

✓ 겹받침 ㅄ

사람 위에 사람 없고 사람 밑에 사람 없다.

 사람은 누구나 같은 권리를 갖고 평등하다는 뜻이에요. 잘살고 못사는 것, 지위의 높고 낮음 같은 어떤 이유로도 차별해서는 안 되겠지요.

 다음 낱말을 빈칸에 따라 써 보아요.

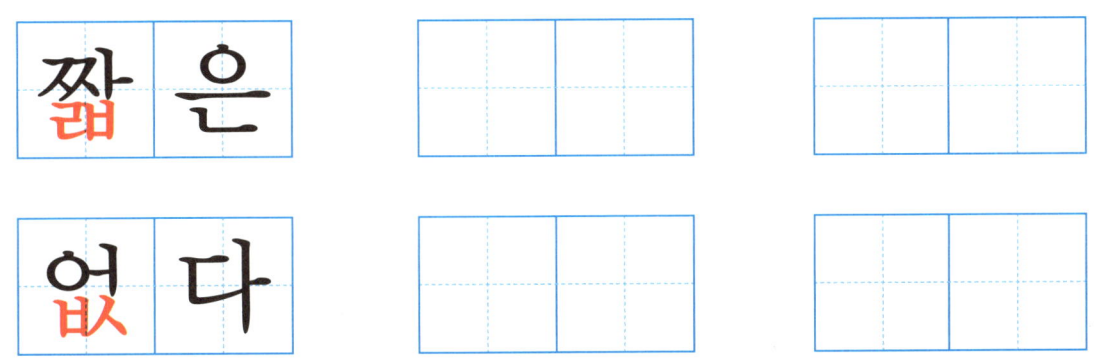

 겹받침 ㄳ이 들어간 속담과 낱말을 알아보아요.

나간 사람 몫은 있어도 자는 사람 몫은 없다.

 게으른 사람에게는 줄 게 없다는 뜻이에요. 게으르면 다른 사람들에게도 인정받기 어렵겠지요.

 ㄳ이 들어간 낱말을 찾아 뜻을 알아보고 글자를 따라 써 보아요.

서로 힘을 합해 벌었으니 둘로 나누어 각자 몫을 가지는 걸로 합시다.

 몫은 여럿으로 나누었을 때 각자가 가지는 부분을 말해요.

왜 이렇게 넋을 놓고 멍하게 있니?

 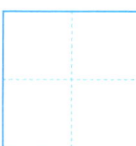

 넋은 보이지는 않지만 사람 안에 있으면서 몸과 정신을 다스린다고 여겨지는 것을 말해요.

수고했네. 열심히 일했으니 품삯을 많이 주겠네.

 품삯은 일을 해 주고 대신 받는 돈이나 물건을 말해요.

안과 않

'안'은 '아니'의 줄인말이에요. '사과를 안 먹다.'에서 '안' 대신 '아니'를 넣으면 '사과를 아니 먹다.'가 되어요.

'않'은 '아니하'의 줄임말이에요. '같이 놀지 않을래?'는 '같이 놀지 아니할래?'로 바꾸어 쓸 수 있어요.

나는 사과를 제일 좋아한다. 그런데 오늘은 사과를 않 먹어서 먹고 싶었다.

내일은 짝꿍 선이에게 "우리 같이 놀지 안을래?" 라고 말해야겠다.

우리 지윤이 일기 쓰고 있구나. 근데 사과를 '않 먹었다'가 아니라 '안 먹었다.'고 써야지.

또 '안을래'는 '않을래'로 고쳐야지. '아니'를 넣어서 말이 되면 '안'을 넣고 말이 안 되면 '않'을 넣어야 한단다.

가령 '안 먹다.'에서 '안' 대신 '아니'를 넣어 봐. '아니 먹다.' 어때? 어색하지 않지? 그럼 '안 먹다.'로 쓴단다.

그런데, '않을래?'에서 '않' 대신 '아니'를 넣어 보면, '아니을래?'가 되지? 이 말은 맞는 걸까 틀린 걸까?

'아니을래?' 이상한데…….

아하, 그럼 이 자리에는 '안' 대신 '않'을 넣어야 하는구나.

역시 날 닮았어. 똑똑하단 말이야! 하하하.

 앞 자음으로 소리 나는 겹받침

겹받침은 앞 자음으로 발음할 때도 있고, 뒤 자음으로 발음할 때도 있어요.
ㄼ, ㅄ, ㄳ, ㄵ은 앞 자음으로 소리가 나요.
(앞 자음으로 소리 나는 4개의 겹받침을 모두 기억해 두세요.)

글자	[발음]	
몫	[목]	**겹받침 ㄳ은 ㄱ으로 소리 나요.** 예) 넋[넉], 품삯[품삭]
값	[갑]	**겹받침 ㅄ은 ㅂ으로 소리 나요.** 예) 없다[업ː따], 가엾다[가ː엽따]
여덟	[여덜]	**겹받침 ㄼ은 ㄹ로 소리 나요.** 예) 넓다[널따], 짧다[짤따]
앉다	[안따]	**겹받침 ㄵ은 ㄴ으로 소리 나요.** 예) 얹다[언따]

단단 복습

☑ 오늘 배운 속담을 덮어 써 보아요.

1. 가지 많은 나무에 바람 잘 날이 없다.

2. 길고 짧은 것은 대어 보아야 안다.

3. 사람 위에 사람 없고 사람 밑에 사람 없다.

4. 나간 사람 몫은 있어도 자는 사람 몫은 없다

☑ 소리 내어 읽으면서 한 번 더 써 보아요.

1. _____

2. _____

3. _____

4. _____

  참 잘했어요. 겹받침이 나오는 복잡한 글자도 잘 알게 되었지요? 오늘 날짜에 색칠하세요.

3주 11일째

겹받침이 있는 글자를 익혀요. 2

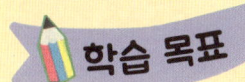

학습 목표

ㄹㅎ, ㄴㅈ, ㄹㅁ, ㄹㄱ 받침을 발음하고 써 보아요.

학습 도우미

겹받침은 받아쓰기에서 가장 많이 틀리는 거예요.
확실히 알아서 받아쓰기를 정복해요.

소 잃고 외양간 고친다.

 일이 벌어지고 난 뒤에는 후회를 해도 소용이 없다는 말이에요.

 겹받침 ㄹㅎ과 ㄴㅈ을 알아보아요.

☑ **겹받침 ㄹㅎ**

'잃'의 받침 ㄹㅎ은 ㄹ+ㅎ이 합쳐져 있어요.

☑ **겹받침 ㄴㅈ**

'앉'의 받침 ㄴㅈ은 ㄴ+ㅈ이 합쳐져 있어요.

새도 가지를 가려서 앉는다.

 새도 아무 곳이나 마구 앉지 않는 것처럼, 사람이라면 몸가짐이나 행동을 잘해야 한다는 뜻이에요.

 겹받침이 들어 간 낱말을 빈칸에 따라 써 보아요.

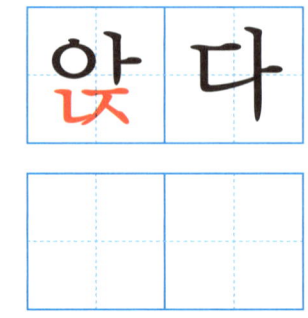

 겹받침 ㄹㅁ과 ㄹㄱ이 들어간 속담을 알아보아요.

✓ 겹받침 ㄹㅁ

먹기보다 굶기를 더 많이 한다면 어떻게 될까요? 자주 굶는다는 뜻의 속담이에요.

✓ 겹받침 ㄹㄱ

긁어 부스럼.

피부의 긁은 곳을 긁으면 더 심해지듯이, 괜히 건드려서 걱정거리가 되어 버린 것을 보고 이렇게 말을 해요.

 겹받침이 들어 간 낱말을 빈칸에 따라 써 보아요.

 다음 보기와 같이 뜻이 반대인 낱말을 써 보아요.

젊다 ⇔ 늙다

틀린 ⇔ 옳은

길다 ⇔ 짧다

죽음 ⇔ 삶

 **뒤 자음으로 소리 나는 겹받침**

겹받침은 앞 자음으로 발음할 때도 있고, 뒤 자음으로 발음할 때도 있어요.
ㄺ, ㄻ은 뒤 자음으로 소리가 나요.
(뒤 자음으로 소리 나는 2개의 겹받침을 모두 외워 두세요.)

글자	[발음]
닭	[닥]

겹받침 ㄺ은 ㄱ으로 소리 나요.
예) 흙[흑], 암탉[암탁]

글자	[발음]
삶	[삼]

겹받침 ㄻ은 ㅁ으로 소리 나요.
예) 굶다[굼ː따], 젊다[점ː따]

 바르게 쓴 낱말을 골라 따라가다 보면, 개는 좋아하는 뼈다귀를 얻을 수 있어요. 길을 찾아가 보아요.

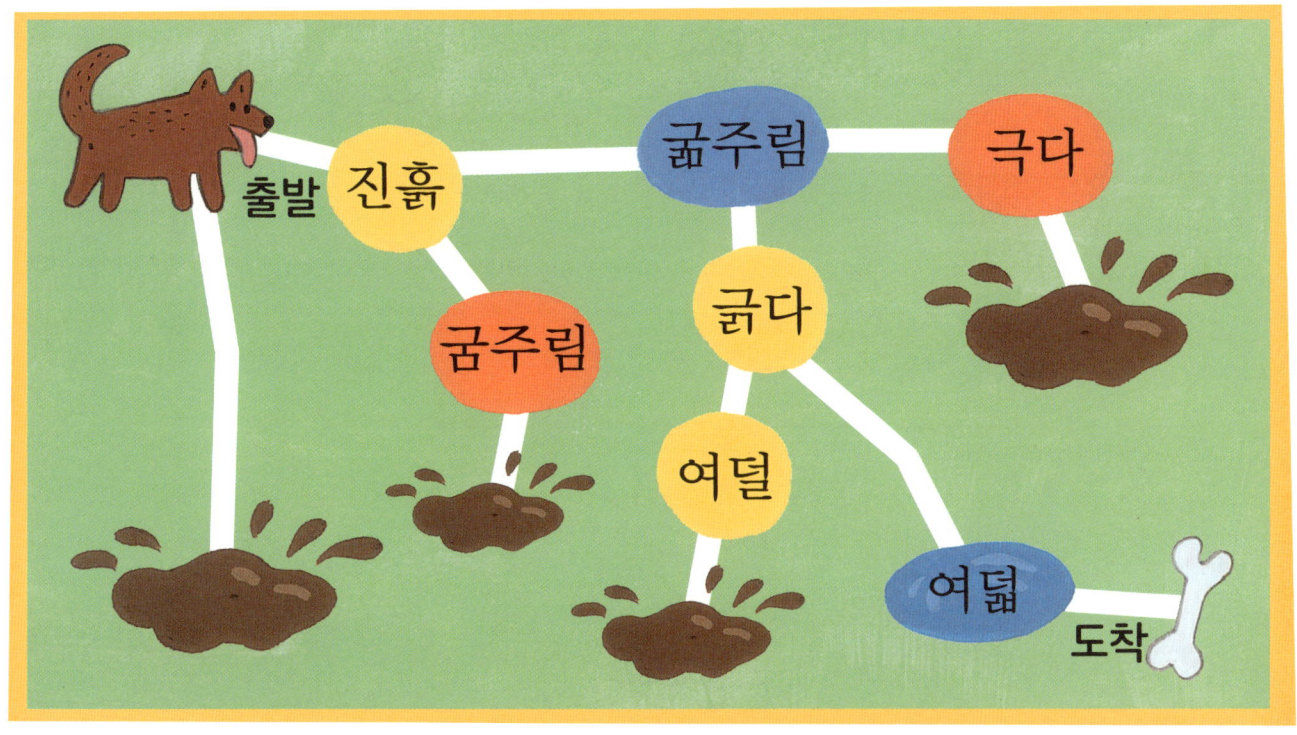

단단 복습

☑ 이제까지 겹받침이 들어간 속담을 배웠어요. 겹받침에 주의하며 덮어 써 보아요.

| | 소 | 잃 | 고 | 외 | 양 | 간 | |
| 고 | 친 | 다 | . | | | | |

| | 긁 | 어 | 부 | 스 | 럼 | . | |

☑ 겹받침이 들어간 다른 속담도 써 볼까요? 겹받침에 주의하며 덮어 써 보아요.

굶기를 밥 먹듯 한다.

 밥 먹을 때보다 굶는 때가 더 많을 정도로 자주 굶을 때 쓰는 말이에요.

| | 굶 | 기 | 를 | | 밥 | | 먹 | 듯 |
| 한 | 다 | . | | | | | | |

발 없는 말이 천 리 간다.

 아무리 비밀로 하더라도 한 번 한 말은 다른 곳으로 번지기 쉬우니 말을 조심해서 해야 한다는 뜻이에요.

	발	없는		말이		천
리	간다	.				

낙숫물이 댓돌을 뚫는다.

 작은 물방울도 한곳에 계속 떨어지면 단단한 돌이 파이듯이, 크고 어려운 일이라도 끊임없이 노력을 하면 결국 이룰 수 있다는 말이에요.

	낙	숫	물	이		댓	돌	을	
뚫	는	다	.						

대단해요! 오늘 할 공부를 다 마쳤어요.
오늘 날짜에 색칠하세요.

 **3주 12일째**

> 기본 문장 1.
> ▶ 임자말에 대해 알아보아요.

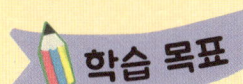 **학습 목표**

임자말이 들어간 기본 문장을 익혀 보아요.

학습 도우미

임자말은 문장에서 '무엇이' 또는 '누가'를 나타내는 말이에요.
임자말은 문장의 기초가 되지요.

 아주 드물게 일어난 일을 빗대어 나타내는 말이에요.

 임자말에 대해 알아보아요. 임자말 문장에서 '무엇이' 또는 '누가'를 나타내는 말이에요. 임자말은 보통 '명사+~은/~는/~이/~가'로 이루어져요.

☑ 명사+~은/~는/~이/~가   ~(이)다

해가   뜬다.

→ '해가 뜬다'라는 문장에서 임자말은 '해가'예요.

속담과 비슷한 것에 관용구가 있다는 것도 알아 두세요. '해가 서쪽에서 뜨다'는 관용구예요. 관용구에는 삶의 지혜나 보편적인 진리가 담겨 있을 때도 있지만, 가르치려는 의도가 없는 말도 포함 돼요.

 임자말에 주의하며 문장을 써 보아요.

 다음 속담을 임자말에 주의하며 읽어 보아요.

 매우 어려운 일을 당했어도 해결할 방법은 있다는 뜻이에요.

☑ 명사+~은/~는/~이/~가　　~(이)다

구멍이　　　　있다.

→ 임자말은 '구멍이'예요.

가는 말이 고와야 오는 **말이** 곱다.

 남에게 먼저 잘 해 주어야 자기도 좋은 대접을 받을 수 있다는 뜻이에요.

☑ 임자말은 '명사 과(와) 명사' + ~은/~는/~이/~가로도 만들어져요.

명사 과(와) 명사 +~은/~는/~이/~가　　　　　~(이)다

오는 말과 가는 말이　　　곱다.

→ 임자말은 '오는 말과 가는 말이'이에요.

105

보기와 같이 임자말을 찾아 ◯표 해 보아요.

보기 〉 아빠가 운전을 한다.

이것은 꽃이다.

현수가 축구를 한다.

나비가 팔랑팔랑 난다.

소는 풀을 먹는다.

 그림을 보고 보기에서 알맞은 임자말을 찾아 빈칸에 써 넣어 문장을 완성해 보아요.

 보기 〉 토끼와 다람쥐가   시계가   동생이   생선이

시계가

세 시를 가리킨다.

동생이

귤을 먹고 있다.

생선이

접시에 담겨 있다.

토끼와 다람쥐가

자전거를 타고 있다.

 잘못 쓰기 쉬운 낱말이에요. 바르게 쓴 낱말을 찾아 ◯표 하고 따라 써 보아요.

보기 〉 돌﹙ 돐
돌

몇일 며칠

거꾸로 꺼꾸로

귀거리 귀걸이

더욱이 더우기

서른 설흔

 잘못 쓰기 쉬운 말

☑ 느리다와 늘리다

'느리다'는 어떤 동작을 하는 데 시간이 오래 걸리다는 뜻이에요.
'늘리다'는 어떤 물건을 원래 크기보다 더 길게 하다는 뜻이에요.

느리다

늘리다

단단 복습

☑ 오늘 배운 말의 뜻을 오른쪽에서 찾아서 줄로 이어 보아요.

| 가는 말이 고와야 오는 말도 곱다. | • | • | 몹시 일어나기 어려운 일이 일어났다. |

| 해가 서쪽에서 뜨다. | • | • | 아주 어려운 일을 당해도 해결할 방법은 있다. |

| 하늘이 무너져도 솟아날 구멍이 있다. | • | • | 좋은 대접을 받고 싶으면 남을 먼저 잘 대해 주라. |

☑ 오늘은 임자말을 배웠어요. 임자말을 기억하며 배운 말을 덮어 써 보아요.

해가 서쪽에서 뜨다.

하늘이 무너져도 솟아날 구멍이 있다.

가는 말이 고와야 오는 말이 곱다.

오늘 임자말에 대해 배웠어요.
잘 익혀 문장 쓰기에 강해지세요.
오늘 날짜에 색칠하세요.

3주 13일째

기본 문장 2. ▶ 움직임을 나타내는 풀이말에 대해 알아보아요.

 학습 목표

움직임을 나타내는 풀이말이 들어간 기본 문장을 익혀보아요.

 학습 도우미

움직임을 나타내는 말은 문장에서 '어찌하다'에 해당하는 풀이말을 가리켜요. 움직임을 나타내는 말을 잘 익혀 문장의 기초를 튼튼하게 쌓아요.

두 손뼉이 맞아야 소리가 난다.

 양쪽에서 서로 맞받아야 일이 이루어질 수 있다는 뜻이에요.

 **움직임을 나타내는 풀이말을 익혀요.**
움직임을 나타내는 말은 '무엇이 어찌하다'의 기본 문장에서 '어찌하다'에 해당하는 말이에요.

무엇이(임자말)　　　　　어찌하다(움직임을 나타내는 풀이말)

소리가　　　난다.

→ '소리가 난다'는 문장에서 움직임을 나타내는 풀이말은 '난다'예요.

 움직임을 나타내는 풀이말에 주의하며 문장을 덮어 쓰고 빈칸에 한 번 더 써 보아요.

소리가 난다	소리가 난다

 다음 속담을 풀이말에 주의하며 읽어 보아요.

 늘 말조심을 하라는 교훈을 가진 말이에요.

무엇이	어찌하다
발 없는 말이	간다.

↳ 움직임을 나타내는 풀이말이에요.

☑ 다음 속담도 풀이말에 주의하며 읽어 보아요.

천 냥 빚도 말로 갚는다.

 말만으로 큰 빚을 갚을 정도로 말이 중요하다는 뜻이에요.

무엇이	어찌하다
천 냥 빚도	갚는다.

↳ 움직임을 나타내는 풀이말이에요.

보기와 같이 움직임을 나타내는 풀이말을 찾아 ◯표 해 보아요.

보기 〉
삐에로가 서커스를 해요.

바람이 세차게 불어요.

하얀 옷을 입고 춤을 춰요.

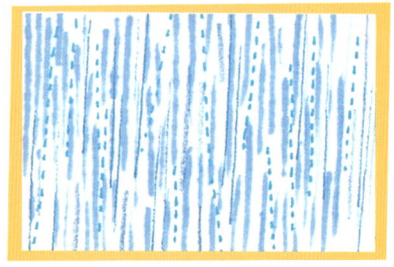
비가 부슬부슬 내려요.

꿀벌이 꽃의 꿀을 빨아요.

그림을 보고 움직임을 나타내는 알맞은 풀이말을 ☐ 안에 써 보아요.

① 아이가 운동복을 입고 　달린다　.

② 나비는 나풀나풀 　　　　　.

③ 원숭이는 공을 　　　　　.

④ 여우는 음료수를 　　　　　.

⑤ 곰은 자전거를 　　　　　.

 낱말의 끝 글자로 시작하는 낱말을 이어 말하는 '말꼬리로 말 잇기' 놀이를 해 보아요.

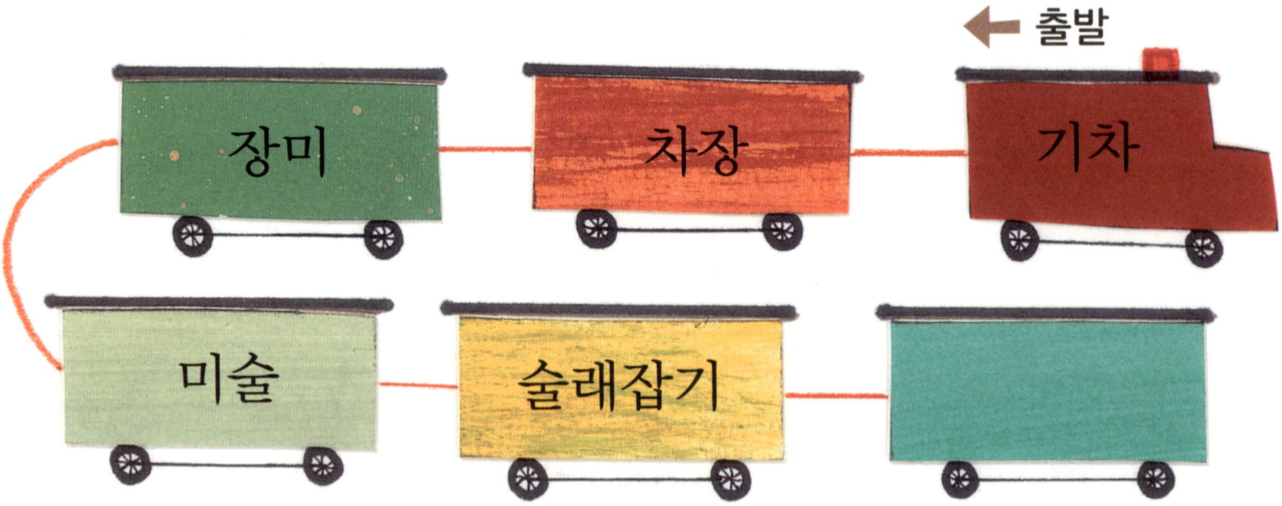

← 출발

장미 — 차장 — 기차

미술 — 술래잡기 —

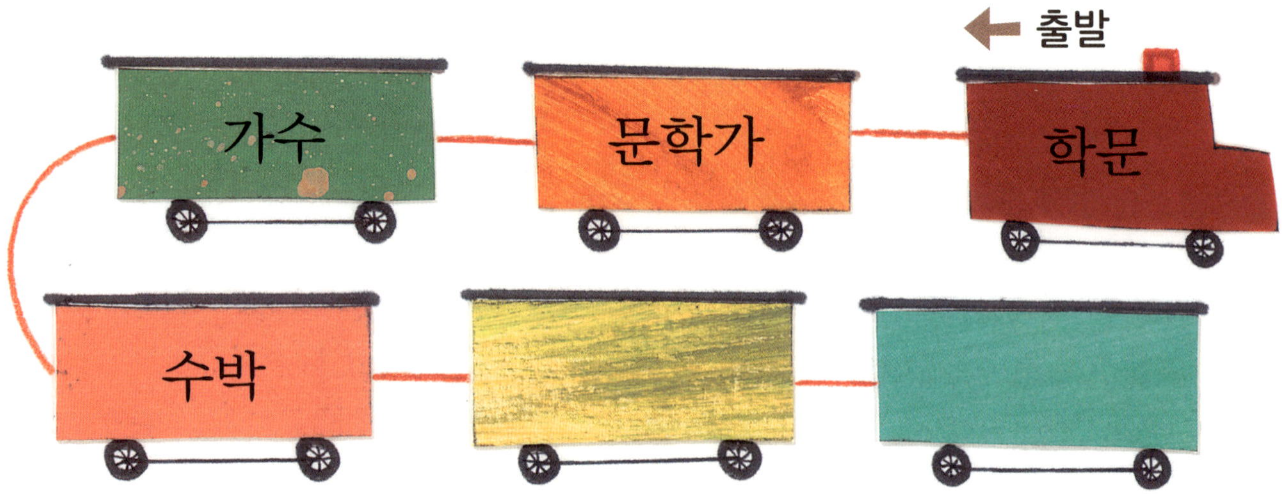

← 출발

가수 — 문학가 — 학문

수박 —

잘못 쓰기 쉬운 말

☑ 부치다와 붙이다

'부치다'는 편지나 물건을 다른 사람에게 보낼 때, 또는 글의 제목을 써서 넣을 때 써요. '붙이다'는 봉투에 우표를 붙이다, 불을 붙이다, 책상을 벽에 붙이다 같은 뜻을 나타낼 때 써요.

단단 복습

☑ 오늘 배운 속담의 뜻을 찾아서 줄로 이어 보아요.

| 두 손뼉이 맞아야 소리가 난다. | • | • | 말만으로 큰 빚을 갚을 정도로 말이 중요하다. |

| 발 없는 말이 천 리 간다. | • | • | 양쪽에서 서로 협력해야지 일이 이루어진다. |

| 천 냥 빚도 말로 갚는다. | • | • | 말을 조심해서 해야 한다. |

☑ 오늘은 움직임을 나타내는 풀이말을 배웠어요. 익힌 것을 기억하며 속담을 따라 덮어 보세요.

두 손뼉이 맞아야 소리가 난다.

발 없는 말이 천 리 간다.

천 냥 빚도 말로 갚는다.

훌륭해요. 우리 친구는 점점 더 문장에 강해질 거예요. 오늘 공부한 날짜에 색칠하세요.

3주 14일째

> **기본 문장 3.** ▶ 상태나 특성을
> 나타내는 풀이말에 대해 알아보아요.

✏️ **학습 목표**

상태나 특성을 나타내는 풀이말에 대해 알아보아요.
또한 명사가 들어간 풀이말에 대해서도 알아보아요.

✏️ **학습 도우미**

풀이말은 문장에서 '어떠하다', '무엇이다'에 해당하는 말이에요.

윗물이 맑아야 아랫물이 맑다.

 윗사람이 바르게 행동을 해야 아랫사람도 따라서 바르게 행동한다.

 상태나 특성을 나타내는 풀이말에 대해 알아보아요.

무엇이(임자말)　　　어떠하다(상태나 특성을 나타내는 풀이말)

아랫물이　　맑다.

→ '아랫물이 맑다'는 문장에서 상태나 특성을 나타내는 풀이말은 '맑다'예요.

 상태나 특성을 나타내는 풀이말에 주의하며 문장을 덮어 쓰고, 한 번 더 써 보아요.

아랫물이 맑다	
윗물이 맑다	

 다음 속담을 상태나 특성을 나타내는 풀이말에 주의하며 읽어 보아요.

솥은 검어도 밥은 검지 않다.

 겉모양은 안 좋아도 속은 훌륭하다는 의미로 겉모습을 보고 판단하지 말라는 뜻을 담고 있어요.

무엇이	어떠하다
솥은	검다.

↳ 상태나 특성을 나타내는 풀이말이에요.

✓ 명사가 들어간 풀이말도 있어요. 다음 속담을 읽어 보아요.

옷이 날개이다.

 옷을 잘 갖춰 입으면 못난 사람도 제법 잘나 보인다는 뜻으로 사용해요.

무엇이	어떠하다(명사+~(이)다)
옷이	날개이다.

↳ 명사가 들어 간 풀이말이에요.

 그림을 보고, 문장에서 상태나 특성을 나타내는 풀이말을 찾아 ◯표 해 보아요.

하늘은 파⃝랗다

도시락은 맛있어요.

곰 가족은 즐거워요.

햇볕은 뜨거워요.

노란 꽃들이 예뻐요.

토끼가 공을 잃어버려서 슬퍼요.

 연음 법칙이란 무엇일까요?

같은 값이면 다홍치마.

 같은 값이면 더 이익이 많은 것을 택한다는 말이에요.

글자	[발음]
값이면	[갑시면]

'값이면'은 '갑시면'으로 소리 내요. 이처럼 겹받침 글자 뒤에 모음이 올 때, 겹받침의 뒤 자음만 뒷 글자의 첫소리로 옮겨 발음하는 것을 '연음 법칙'이라고 해요.

 아래 글자를 소리 나는 대로 덮어 쓴 뒤, 맞춤법에 맞게 빈칸에 써 보아요.

글자	[발음]	쓰기
닭이	[달기]	

글자	[발음]	쓰기
몫은	[목슨]	

글자	[발음]	쓰기
까닭이	[까달기]	

 산타 할아버지 보따리에 '리' 자로 끝나는 말을 가득 채워 보아요.

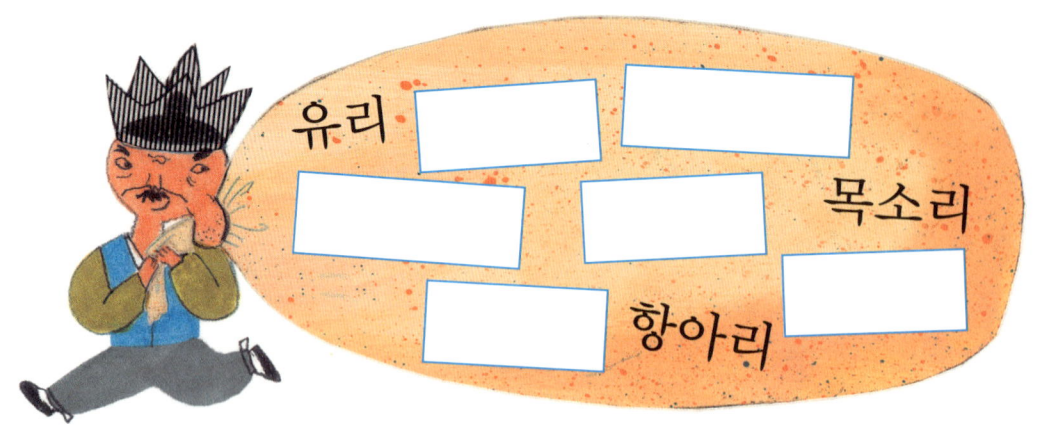

유리

목소리

항아리

 두 개의 속담에서 '적다'와 '작다'를 구분하여 읽어 보아요.

작은 고추가 맵다.

 몸집이 작은 사람이 재주가 뛰어나고 야무질 때 표현하는 말이에요.

적은 물이 새어 큰 배 가라앉는다.

 자그마한 실수나 잘못으로 큰일을 그르칠 수도 있음을 이르는 말이에요.

작다는 '작은 글씨' '신발이 작다'와 같이 길이나 넓이, 부피 등이 덜할 때 써요.
적다는 '적게 먹어라' '경험이 적다'와 같이 수효나 분량, 정도가 일정한 기준에 미치지 못할 때 써요.

단단 복습

☑ 다음 문장에서 풀이말을 찾아 번호를 써 보아요.

내 우산은 연두색이에요.
　①　　　　②

우리는 씩씩한 초등학생이에요.
　①　　　　　　②

내가 좋아하는 동물은 강아지에요.
　①　　　　　　　②

☑ 오늘 배운 속담을 따라 덮어 써 보아요.

윗물이 맑아야 아랫물이 맑다.

솥은 검어도 밥은 검지 않다.

옷이 날개다.

작은 고추가 맵다.

적은 물이 새어 큰 배 가라앉는다.

열심히 공부한 우리 친구에게 박수 짝짝짝!
오늘 공부한 날짜에 색칠하세요.

 # 15일째
3주

> 기본 문장 4.
> ▶ 부림말에 대해 알아보아요.

📝 **학습 목표**

부림말은 움직임의 대상이 되는 말로 목적어라고도 해요.
목적어가 들어간 기본 문장을 익혀보아요.

📝 **학습 도우미**

부림말은 문장에서 '~을/~를'이 붙는 말로, 대개 풀이말 앞에 있어요.
잘 익히면 문장의 뜻을 잘 파악할 수 있고 뜻을 더 잘 이해할 수 있어요.

우물을 파도 한 우물을 파라.

 어떤 일이든 한 가지 일을 끝까지 가지고 가야 이룰 수 있다는 뜻이에요.

 **부림말에 대해 알아보아요.**
부림말은 목적어라고 하는데 동사의 움직임의 대상이 되는 말이에요. 즉 '무엇이 무엇을 어찌하다'라는 문장에서 '무엇을'에 해당하는 말로 주로 '~을/~를'이 붙어요.

무엇이(임자말)	무엇을(부림말)	어찌하다(풀이말)
나는	우물을	파요

→ 부림말은 '우물을'이에요.

 부림말에 주의하여 문장을 덮어 쓰고 한 번 더 써 보아요.

| 우물을 파라 | |

 다음 속담을 부림말에 주의하며 읽어 보아요.

 성격이 급해서 차분히 기다리지 못하고 서두른다는 뜻이에요.

　　　무엇을　　　　　　어떠하다

　　　숭늉을　　　　찾는다.
　　　　　└ 부림말 '숭늉을'이에요.

☑ 아래 속담에서 부림말을 알아보아요.

　　　자다가 **봉창을** 두드린다.

 아주 엉뚱하거나 적합하지 않은 짓이나 말을 불쑥 할 때 사용하는 말이에요.
봉창은 종이를 바른 창을 말해요.

　　　무엇을(를)　　　　어찌하다

　　　봉창을　　　　두드린다.
　　　　　└ 부림말은 '봉창을'이에요.

129

 그림을 보고 부림말 '무엇을'에 해당하는 말을 넣어 문장을 완성하여 보아요.

보기 〉

민아가 책을 읽어요.

엄마가 _____ 닦아요.

곰이 _____ 핥아 먹고 있어요.

민수가 쿨쿨 _____ 자요.

언니가 열심히 _____ 해요.

그림을 보고 ☐ 안에 알맞은 부림말을 보기에서 찾아 써 보아요.

> 보기 › 왕관   방망이   춤   아이스크림

① 왕 도깨비는 ☐ 을 쓰고 있어요.

② 파란 도깨비는 덩실덩실 ☐ 을 추고 있어요.

③ 빨간 도깨비는 ☐ 를 들고 있어요.

④ 아기 도깨비는 ☐ 을 맛있게 먹고 있어요.

 맞춤법에 맞는 낱말을 찾아 모두 ◯표 해 보아요.

엎질러진   팟빙수   온갖

꺾다
나뭇입
꺽다
팓빙수
솥
나뭇잎
숨

진리
부엌
팥빙수
뚫는다
무릎
솓
부억
업질러진
대괄령
숲 핥는
할른

대관령   핥는   온갓   질리

무릅   질리

단단 복습

☑ 오늘 배운 속담의 뜻을 찾아서 줄로 이어 보아요.

| 우물을 파도 한 우물을 파라. | • | • | 엉뚱하거나 적합하지 않은 짓이나 말을 불쑥 한다. |

| 우물에 가 숭늉을 찾는다. | • | • | 성격이 급해서 차분히 기다리지 못한다. |

| 자다가 봉창을 두드린다. | • | • | 어떤 일이든 한 가지 일을 끝까지 가지고 가야 이룰 수 있다. |

☑ 오늘은 부림말을 배웠어요. 공부한 것을 기억하며 속담을 덮어 써 보아요.

우물을 파도 한 우물을 파라.

우물에 가 숭늉을 찾는다.

자다가 봉창을 두드린다.

끝이 멀지 않았어요. 조금만 더 힘을 내서 공부해 보아요. 오늘 공부한 날짜에 색칠해 보아요!

4주 16일째

말과 문장의 순서 알아보아요.

 학습 목표

말의 순서를 알아 문장을 바르게 쓰는 방법을 익혀요.

 학습 도우미

뜻을 잘 나타내려면 문장을 바르게 써야 해요.
순서에 맞게 말을 쓸 수 있도록 하세요.

열 번 찍어서 아니 넘어가는 나무가 없다.

 여러 번 실패하더라도 계속해서 노력하면 뜻을 이룰 수 있다는 말이에요.

 뜻을 잘 나타내기 위해서는 말을 순서에 맞게 바르게 써야 해요.
다음 문장을 비교해 보아요. 어느 쪽이 뜻을 알기 쉬운가요?

나무가 없다.	없다 나무가.
(임자말) (풀이말)	(풀이말) (임자말)

↳ 문장을 쓸 때는 임자말을
   먼저 쓰는 것이 뜻을 알기가 쉬워요.

 다음 속담을 말의 순서에 주의하며 읽어 보아요.

 기본이 되는 것보다 딸린 것이 더 클 때 쓰는 말이에요.

☑ 말의 순서를 비교해 보아요. 어느 쪽이 뜻을 알기 쉬운가요?

배꼽이 크다.
(임자말) (풀이말)

크다 배꼽이.
(풀이말) (임자말)

↳ 임자말과 풀이말로 이루어진 문장은
　임자말을 먼저 쓰는 것이 뜻을 알기가 쉬워요.

☑ 다음 속담을 읽고 말의 순서를 비교해 보아요. 어느 쪽이 뜻을 알기 쉬운가요?

종로에서 뺨 맞고 한강에서 눈 흘긴다.

 모욕을 당한 곳에서는 아무 말 못하고 뒤에 가서 불평을 할 때 쓰는 말이에요.
종로는 옛날 서울에 상가가 많은 번화가로 종각이 있는 거리를 말해요.

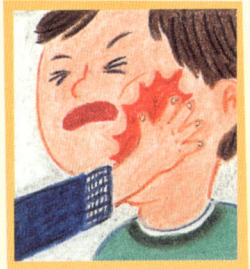

그는 뺨을 맞았어요.
(임자말) (부림말)

뺨을 그는 맞았어요.
(부림말) (임자말)

↳ 임자말과 부림말로 이루어진 문장은
　임자말을 먼저 쓰는 것이 뜻을 알기가 쉬워요.

 다음 속담을 읽어 보아요. 그리고 아래 문장의 순서를 비교해 보아요. 어느 쪽이 뜻을 알기 쉬운가요?

 어떤 것을 이루려면 그 조건을 먼저 만들어야 한다는 뜻이에요.

꿈을	꾸다.		꾸다	꿈을.
(임자말)	(풀이말)		(풀이말)	(임자말)

↳ 임자말과 움직임말로 이루어진 문장은 임자말을 먼저 쓰는 것이 뜻을 알기가 쉬워요.

 다음 그림을 가장 알기 쉽게 설명한 문장을 무엇일까요? 그 번호를 쓰세요. (　　)

① 웁니다 엉엉 호랑이가.

② 호랑이가 웁니다 엉엉.

③ 호랑이가 엉엉 웁니다.

④ 웁니다 호랑이가 엉엉.

 다음 속담을 읽고 빈칸에 뜻을 써 보아요.

열 번 찍어 아니 넘어가는 나무 없다.

 다음 속담을 익힌 뒤, 맞춤법에 주의하며 따라 써 보아요.

배보다 배꼽이 더 크다.

종로에서 뺨 맞고 한강에서 눈 흘긴다.

잠을 자야 꿈을 꾸지.

 앵무새의 집에 도둑이 들었어요. 누가 앵무새의 목걸이를 훔쳤을까요? 여우 탐정과 함께 그림 옆의 단서를 읽고 해당하는 동물의 번호를 써 보아요. (　　)

 단서 〉

도둑은

✽ 꼬리털이 풍성합니다.

✽ 안경을 끼지 않았습니다.

✽ 노란색 조끼를 입었습니다.

단단 복습

앞에서 배운 속담을 복습해 보아요.

✓ 왼쪽의 속담의 뜻을 오른쪽에서 찾아서 잘 읽고 그 뜻을 찾아 줄로 이어 보아요.

낫 놓고 기역 자도 모른다.	워낙 탐을 내서 아주 재빨리 차지해 버리는 모양을 보고 하는 말이에요.
고양이 앞에 고기반찬.	매우 잘 알지 못하는 것을 뜻하는 말이에요.
돌다리도 두드려 보고 건너라.	무슨 일이든 주의를 기울여 가며 하라는 말이에요.

✓ 뜻을 생각하며 빈칸을 채워 속담을 완성해 보아요.

1. 나무에 ☐☐☐ 하고 흔든다.

2. 겨 묻은 개가 ☐ 묻은 ☐ 를 나무란다.

3. ☐☐ 에 ☐ 적 다르고 ☐ 적 다르다.

참 잘했어요. 뜻을 잘 나타내려면 말의 순서에 맞게 써야 한다는 것을 잊지 마세요. 오늘 배운 날짜에 색칠하세요.

4주 17일째

문장 부호를 알아보아요.

🖍️ **학습 목표**

자주 쓰이는 문장 부호인 온점(.), 물음표(?), 느낌표(!), 쉼표(,)를 알아보아요.

🖍️ **학습 도우미**

문장에 쓰이는 기호들을 문장 부호라고 해요. 문장 부호의 쓰임을 알면 글의 뜻을 효과적으로 전달하고 쉽게 이해할 수 있어요.

세 살 버릇이 여든까지 간다.

 어릴 때 굳어진 버릇은 쉽게 고치기 어렵다는 뜻이에요.

 **문장 부호란 무엇일까요?**
문장에 사용되는 부호를 '문장 부호'라고 해요. 문장 부호는 뜻을 돕거나 이해하기 쉽도록 하기 위해 써요. 온점(.), 느낌표(!), 물음표(?), 쉼표(,) 등이 있어요.

 위 속담에서 사용된 문장 부호를 덮어 써 보아요.

세 살 버릇이 여든까지 간다.

 문장 부호에 대해서 알아보아요.

문장부호	예문	설명
. ↳ 온점	여든까지 간다.	설명하는 문장 끝에 써요.
! ↳ 느낌표	고마워!	느낌을 나타내는 문장 끝에 써요. 느낌을 살펴 읽어요.
? ↳ 물음표	궁금하지?	묻는 문장 끝에 써요. 끝을 올려 읽어요.
, ↳ 쉼표	채원아,	부르는 말이나, 여러 말을 나열할 때, 잠시 쉬어 읽어야 할 때 써요.

 무슨 일이든 거쳐야 할 것은 거쳐야지 급하다고 억지로 될 수 없다는 뜻이에요.

 위의 속담을 덮어 쓰고, 노란색 빈칸에 알맞은 문장 부호를 써 보아요.

겨울이 지나지 않고 봄이 오랴

 원인이 없는 결과는 없다는 뜻이에요.

 위의 속담을 덮어 쓰고 노란색 빈칸에 알맞은 문장 부호를 넣어 보아요.

| 아 | 니 | 땐 | 굴뚝에 | 연기 | 날까 | |

 세상일이 때로는 서로의 위치가 바뀔 수도 있다는 말이에요. 양지는 '볕이 드는 곳'이라는 뜻이고, 음지는 '볕이 잘 들지 않아 그늘진 곳'이라는 뜻이에요.

 위 속담에서 사용된 문장 부호를 찾아  해 보아요.

 빈칸에 알맞은 문장 부호를 찾아 ◯ 해 보아요.

① 앗, 조심해 ☐   . ! ? ,

② 잠을 자요 ☐   . ! ? ,

③ 어디 있을까 ☐   . ! ? ,

 **아는게 힘** '되'와 '돼'는 이렇게 달라요. 어떻게 구별할까요?
'안 돼요!'는 '어'를 넣어 '안 되어요'로 바꿔 쓸 수 있어요. 하지만 '옷을 만들면 되다'는 '어'를 넣어 '옷을 만들면 되어다'로 바꾸면 어색하지요?
'어'를 넣어 어색하지 않으면 '돼', 어색하면 '되'를 써요.
왜냐하면, '돼'는 '되어'를 줄인말이기 때문이에요.

 문장 부호를 따라 써 보아요.

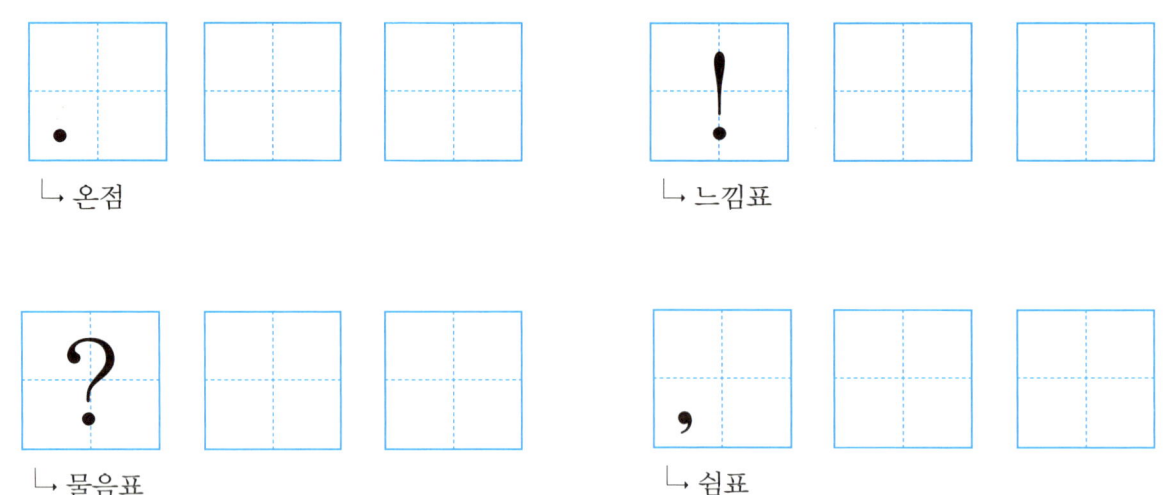

↳ 온점
↳ 느낌표
↳ 물음표
↳ 쉼표

 문장 부호에 유의하여 오늘 배운 속담을 덮어 써 보아요.

| | 세 | | 살 | | 버 | 릇 | | 여 | 든 | 까 | 지 |
| 간 | 다 | . | | | | | | | | | |

| | 겨 | 울 | 이 | | 지 | 나 | 지 | | 않 | 고 | |
| 봄 | 이 | | 오 | 라 | ! | | | | | | |

| | 아 | 니 | | 땐 | | 굴 | 뚝 | 에 | | 연 | 기 |
| 날 | 까 | ? | | | | | | | | | |

| | 양 | 지 | 가 | | 음 | 지 | | 되 | 고 | , | 음 |
| 지 | 가 | | 양 | 지 | | 된 | 다 | . | | | |

 단단 복습

 앞에서 배웠던 속담을 복습해 보아요.

✔ 왼쪽의 속담을 잘 읽고 뜻을 찾아서 줄로 이어 보아요.

낮말은 새가 듣고 밤말은 쥐가 듣는다.	•	•	모든 결과에는 그것의 원인이 있다.
콩 심은 데 콩 나고 팥 심은 데 팥 난다.	•	•	남의 일에 쓸 데 없이 참견을 한다.
남의 집 잔치에 감 놓아라 배 놓아라 한다.	•	•	말을 밖으로 새어 나가기 쉬우니 말조심을 하라.

✔ 속담의 뜻을 생각하며 덮어 써 보아요.

눈 먼 자식이 효자 노릇한다.

여우를 피해서 호랑이를 만났다.

두 손에 떡.

빛 좋은 개살구.

 대단해요! 문장 부호를 알맞게 쓰면 뜻을 더 잘 전달할 수 있답니다. 오늘 배운 날짜에 색칠하세요.

4주 18일째

알맞게 띄어 읽기와 쓰기를 배워요.

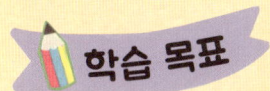
학습 목표
문장을 알맞게 띄어 읽고 쓰는 방법을 배워요.

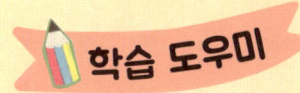
학습 도우미
알맞게 띄어 읽고 쓰면 내용을 더 정확히 알 수 있어요.

티끌 모아 태산.

 아무리 작은 것이라도 계속 쌓이면 큰 것이 될 수 있음을 말해요.

글을 띄어 써야 하는 까닭은 무엇일까요?

'티끌 모아 태산'을 '티끌모아태산'처럼 모두 붙여 쓰면 어떨까요?
무슨 뜻인지 쉽게 알 수 없을 거예요.
띄어쓰기를 하면 뜻을 쉽고 빠르고 정확하게 알 수 있어요.

띄어쓰기의 기본
단어와 단어 사이는 띄어 써요.
문장과 문장 사이는 띄어 써요.
온점, 물음표, 느낌표 뒤에서 띄어 써요.
- 은(는), -이(가), -을(를) 같은 도와주는 말은 붙여 써요.

 속담의 뜻을 생각하면서 띄어쓰기에 맞게 덮어 써 보아요.

| 티 | 끌 | | 모 | 아 | | 태 | 산 | . |

 아래는 속담을 모두 붙여 쓴 문장이에요. 무슨 뜻인지 알 수 있나요?

입은비뚤어져도말은바로해라.

☑ 올바르게 띄어쓰기를 한 속담의 뜻을 생각하며 읽어 보아요.

입은 비뚤어져도 말은 바로 해라.

 말은 언제나 바르고 정직하게 해야 함을 뜻해요.

☑ 위 속담을 띄어쓰기를 생각하며 덮어 써 보아요.

| | 입 | 은 | | 비 | 뚤 | 어 | 져 | 도 | | 말 | 은 |
| 바 | 로 | | 해 | 라 | . | | | | | | |

 아래는 띄어쓰기에 따라 뜻이 달라지는 문장이에요. 잘 읽고 어떤 뜻인지 그림에서 찾아 줄을 이어 보아요.

   •   •   나물 좀 줘.

   •   •   나 물 좀 줘.

 다음 글을 읽으면서 띄어 읽기를 하는 방법을 알아보아요.

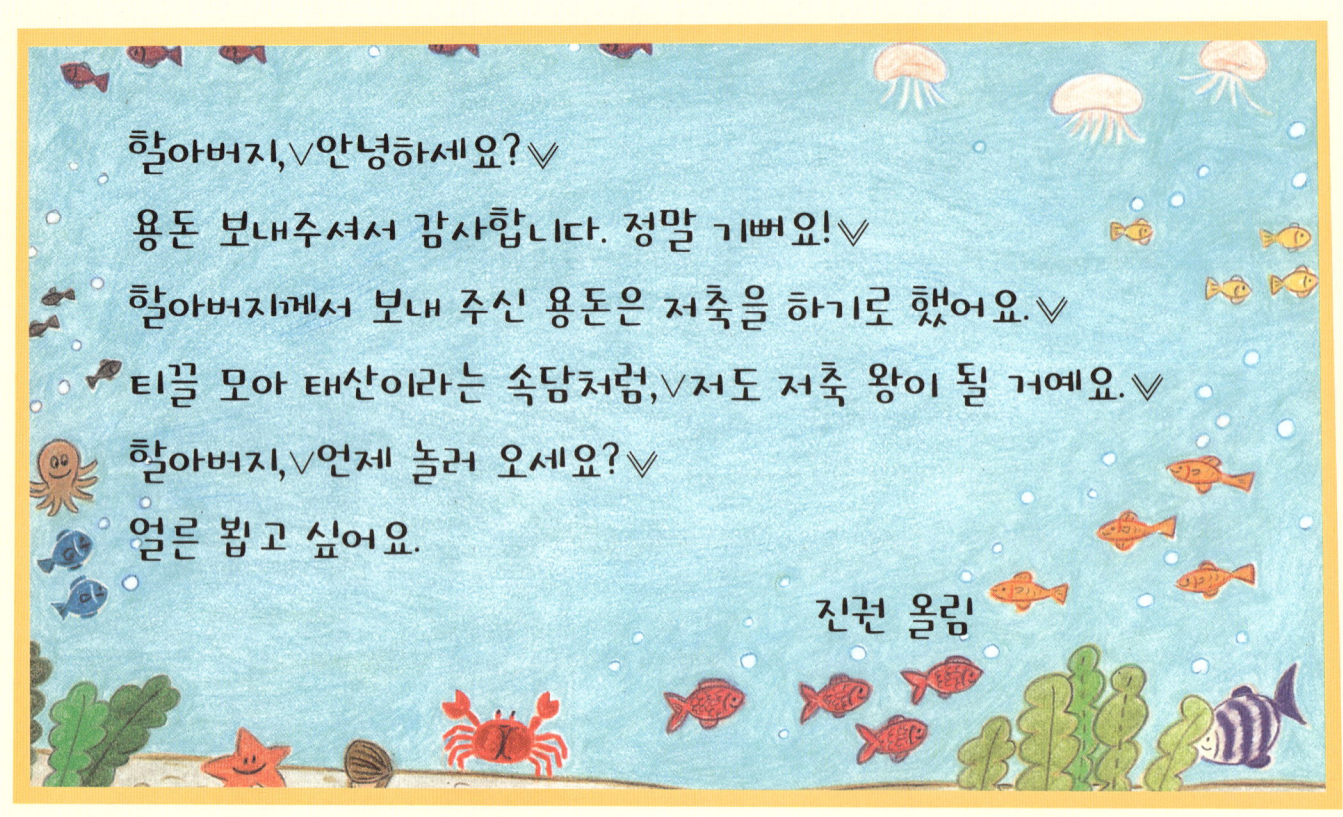

할아버지,∨안녕하세요?∨
용돈 보내 주셔서 감사합니다. 정말 기뻐요!∨
할아버지께서 보내 주신 용돈은 저축을 하기로 했어요.∨
티끌 모아 태산이라는 속담처럼,∨저도 저축 왕이 될 거예요.∨
할아버지,∨언제 놀러 오세요?∨
얼른 뵙고 싶어요.

진권 올림

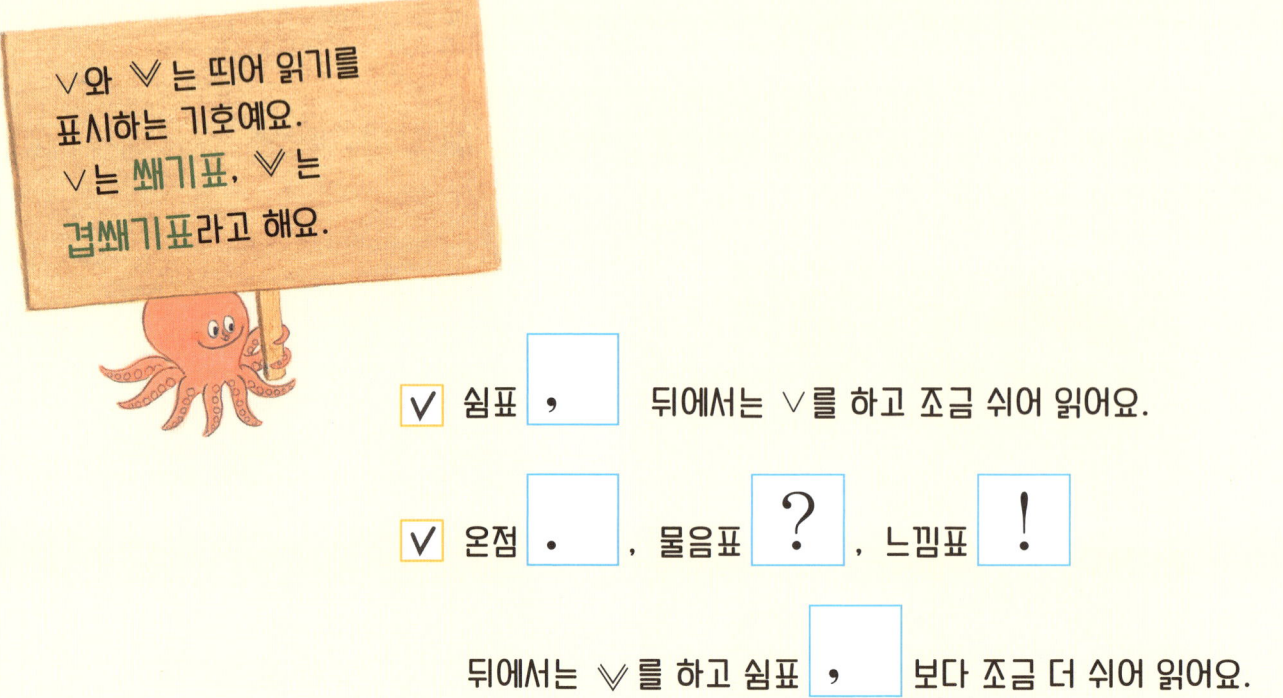

∨와 ∨는 띄어 읽기를 표시하는 기호예요.
∨는 쐐기표, ∨는 겹쐐기표라고 해요.

∨ 쉼표 , 뒤에서는 ∨를 하고 조금 쉬어 읽어요.

∨ 온점 . , 물음표 ? , 느낌표 !

뒤에서는 ∨를 하고 쉼표 , 보다 조금 더 쉬어 읽어요.

 띄어쓰기와 띄어 읽기

 다음 속담을 읽으면서 띄어 읽기를 하는 방법을 알아보아요.

입이 열 개라도, 할 말이 없다.

 변명을 할 여지가 없다.

☑ 이 속담을 한 곳만 띄어 읽으려면, 어디에서 띄어 읽어야 뜻이 가장 잘 드러날까요? 바로 쉼표(,) 뒤에요. 그곳의 번호를 찾아 ∨표를 해 보아요.

입이 ① 열개라도, ② 할 ③ 말이 ④ 없다.

 오늘 배운 속담을 띄어쓰기와 띄어 읽기를 생각하면서 덮어 써 보아요.

	티	끌		모	아		태	산	.∨	
	입	은		비	뚤	어	져	도		말	은
바	로		해	라	.∨					
	입	이		열		개	라	도	,∨	할
말	이		없	다	.					

 단단 복습

 앞에서 배웠던 속담을 복습해 보아요.

✓ 다음 속담의 뜻을 찾아서 오른쪽에서 찾아서 줄로 이어 보아요.

쥐면 꺼질까 불면 날까.	•	•	자녀를 매우 소중하게 기르다.
비 온 뒤에 땅이 굳어진다.	•	•	가까운 곳에 두고 멀리 찾아다니다.
업은 아이 삼 년 찾는다.	•	•	어렵고 힘든 일을 겪은 다음에는 더 단단해진다.

✓ 다음 속담의 뜻을 생각하면서 덮어 써 보아요.

천 리 길도 한 걸음부터.

백지장도 맞들면 낫다.

같은 값이면 다홍치마.

엎어진 김에 쉬어 간다.

죄는 지는 데로 가고 덕은 닦은 데로 간다.

157

참 잘 했어요! 알맞게 띄어 읽기와 띄어쓰기를 해서 뜻을 쉽고 정확히 전달해요.
오늘 날짜에 색칠하세요!

 # 4주 19일째

흉내 내는 말 1.
▶ 소리를 흉내 내는 말을 배워요.

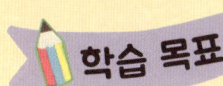 **학습 목표**

소리를 흉내 내는 말을 알고 써 보아요.

학습 도우미

소리를 흉내 내는 말을 표현해 보아요. 반복되는 말의 느낌을 알면, 글을 쓸 때 더욱 풍부한 표현을 알 수 있어요.

호랑이도 제 말 하면 온다.

 이야기 되고 있는 사람이 바로 그 자리에 나타났을 때 쓰는 말이에요.

 다음 문장을 읽어 보세요. 어때요? 호랑이가 다가오는 느낌이 더 생생하지요?

호랑이도 제 말 하면 어흥 하고 온다.

 '어흥' 같이 사람이나 사물의 소리를 흉내 내어 표현하는 말을 '흉내 내는 말'이라고 한답니다. 소리를 흉내 내는 말에는 '졸졸졸', '짹짹' 같이 반복되는 말이 많아요.

그림을 보고 소리를 흉내 내는 말을 빈칸에 따라 써 보아요.

철썩철썩

꼬르륵

칙칙폭폭

따르릉

 그림을 보고 소리를 흉내 내는 말을 찾아 줄로 이어 보아요.

 문장에 어울리는 흉내 내는 말을 쓰고 소리 내어 읽어 보아요.

참새가 ☐☐ 노래합니다.

아기가 방울을 ☐☐☐☐ 흔듭니다.

유리컵이 ☐☐☐ 깨졌습니다.

 뜻밖에 운이 좋은 일을 만났을 때 하는 말이에요.

 위 속담의 표현을 더 생생하게 하려고 해요. 밑줄에 알맞은 흉내 내는 말을 골라 번호를 써 보아요.(   )

호박이 넝쿨째로 _____ 굴러떨어졌다.

① 뽀드득   ② 꼬끼오   ③ 뚝뚝   ④ 짹짹

원숭이도 나무에서 떨어질 때가 있다.

 아무리 잘하고 능력 있는 사람이라도 실수할 때가 있다는 말이에요.

 위 속담의 표현을 더 생생하게 하려고 해요. 밑줄에 알맞은 흉내 내는 말을 골라 번호를 써 보아요.(   )

원숭이도 _____ 나무에서 떨어질 때가 있다.

① 꽈당   ② 따르릉   ③ 귀뚤귀뚤   ④ 꿀꿀

 오늘 배운 속담을 읽고 빈칸에 뜻을 써 보아요.

호랑이도 제 말 하면 온다.

 다음 속담의 뜻을 생각하며, 맞춤법에 주의하여 따라 써 보아요.

호랑이도 제 말 하면 온다.

호박이 넝쿨째로 굴러떨어졌다.

원숭이도 나무에서 떨어질 때가 있다.

단단 복습

 앞에서 배웠던 속담을 복습해 보아요.

☑ 속담의 뜻을 오른쪽에서 찾아서 줄로 이어 보아요.

| 칼로 물 베기. | • | • | 자식이 많은 부모는 자식에 대한 걱정이 끊이지 않는다. |

| 혹 떼러 갔다가 혹 붙여 온다. | • | • | 자기 일을 덜려고 하다가 다른 일까지 맡게 되었다. |

| 가지 많은 나무에 바람 잘 날이 없다. | • | • | 서로 다투더라도 금방 화가 풀리어 사이좋게 돌아감. |

☑ 다음 속담의 뜻을 생각하면서 덮어 써 보아요.

길고 짧은 것은 대어 보아야 안다.

사람 위에 사람 없고 사람 밑에 사람 없다.

나간 사람 몫은 있어도 자는 사람 몫은 없다.

소 잃고 외양간 고친다.

새도 가지를 가려 앉는다.

이제 하루만 더 공부하면 이 책의 공부를 다 마친답니다. 대단하지요?
오늘 배운 날짜에 색칠하세요.

4주 20일째

흉내 내는 말 2. ▶ 모양이나 행동을 흉내 내는 말을 배워요.

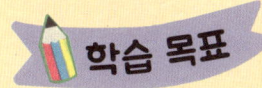 학습 목표

모양이나 행동을 흉내 내는 말을 알고 써 보아요.

🖍 학습 도우미

모양이나 행동을 흉내 내는 말을 표현해 보아요.
반복되는 말의 느낌을 알면, 글을 쓸 때 더욱 풍부한 표현을 할 수 있어요.

번갯불에 콩 볶아 먹겠다.

 번갯불에 콩을 볶아서 먹을 만큼 빠르거나, 급한 것을 보고 하는 말이에요.

 **다음 문장을 읽어 보세요. 어때요? 번갯불이 재빠르게 지나가는 모습이 더 생생하게 느껴지지요?**
'번쩍번쩍' 같이 모습이나 움직임을 흉내 내어 표현하는 말을 '흉내 내는 말'이라고 한답니다. 특히 모습이나 움직임을 흉내내는 말을 '의태어'라고 하지요.
의태어는 '아장아장', '데굴데굴' 같이 반복되는 말이 많아요.

번쩍번쩍 번갯불에 콩 볶아 먹겠다.

 애써 이루려던 일이 어처구니없이 실패했을 때 쓰는 말이에요.

 위 속담의 표현을 더 생생하게 하려고 해요. 밑줄에 알맞은 흉내 내는 말을 골라 번호를 써 보아요.(   )

> 닭 쫓던 개 _____ 지붕 쳐다보듯.

① 꾸벅   ② 동글동글   ③ 멀뚱멀뚱   ④ 알록달록

 아무리 어려운 상태라도 이겨 낼 의지만 있으면 살 방법이 있다는 뜻이에요.

 위 속담의 표현을 더 생생하게 하려고 해요. 밑줄에 알맞은 흉내 내는 말을 골라 번호를 써 보아요.(   )

> _____ 물에 빠져도 정신을 차려야 산다.

① 글썽글썽   ② 허우적허우적   ③ 아장아장   ④ 히죽

 흉내 내는 말의 짝을 오른쪽에서 찾아서 줄로 이어 보아요.

아장

알쏭

나풀

싱글

삐뚤

퐁당

헐레

칙칙

달쏭

아장

벙글

나풀

벌떡

폭폭

퐁당

삐뚤

 왼쪽의 흉내 내는 말을 덮어 쓰고 빈칸에 한 번 더 써 보아요.

아	장	아	장
알	쏭	달	쏭
나	풀	나	풀
싱	글	벙	글
퐁	당	퐁	당
헐	레	벌	떡
칙	칙	폭	폭
삐	뚤	빼	뚤

 오늘 배운 속담이에요. 뜻에 맞는 속담을 써 보아요.

매우 빠르거나 급하다.

애써 이루려던 일이 어처구니없이 실패했다.

아무리 어려워도 이겨 낼 의지만 있으면 살 방법이 있다.

 오늘 배운 속담을 덮어 써 보아요.

| 번 | 갯 | 불 | 에 | | 콩 | | 볶 | 아 | | 먹 |
| 겠 | 다 | . | | | | | | | | |

| | 닭 | | 쫓 | 던 | | 개 | | 지 | 붕 | | 쳐 |
| 다 | 보 | 듯 | . | | | | | | | |

단단 복습

앞에서 배웠던 속담을 복습해 보아요.

✓ 속담의 뜻을 오른쪽에서 찾아 줄로 이어 보아요.

긁어 부스럼.	•	•	아무리 비밀로 하더라도 한 번 한 말은 새어 나가기 쉽다.
발 없는 말이 천 리 간다.	•	•	매우 어려운 일을 당했다 해도 다 해결할 방법이 있다.
하늘이 무너져도 솟아날 구멍이 있다.	•	•	가만 놓아두어야 하는 것을 괜히 건드려서 걱정거리가 돼 버렸다.

✓ 다음 속담의 뜻을 생각하면서 덮어 써 보아요.

가는 말이 고와야 오는 말이 곱다.

두 손뼉이 맞아야 소리가 난다.

낙숫물이 댓돌을 뚫는다.

천 냥 빚도 말로 갚는다.

윗물이 맑아야 아랫물이 맑다.

축하해요. 이 책을 다 공부했어요. 어느새 여러분은 국어 실력도 부쩍 늘어나고 속담도 많이 알게 되었답니다. 정말 훌륭해요. 짝짝짝!!

정답

1주 1일째

19쪽

20쪽

1주 2일째

24쪽 차 = ㅊ + ㅏ
       무 = ㅁ + ㅜ

28쪽
가을 거울 고구마 고무신

29쪽
고양이 앞에 고기반찬.

1주 3일째

34쪽 (예시) ☑ 머리✱말✱마루✱마차
              ☑ 부모✱바람✱바지✱바구니
              ☑ 사과✱상자✱새✱소

35쪽 무 오 르 라 하 드

36쪽

175

37쪽

 1주 4일째

43쪽 돌다리도 두드려 보고 건너라.

44쪽 쓰레기 휴지 시계
벼 효자 (순서대로)

45쪽 눈 먼 자식이 효자 노릇한다.
여우를 피해서 호랑이를 만났다.
겨울이 지나지 않고 봄이 오랴.

 **1주 5일째**

50쪽 뒷간에 갈 적 마음 다르고 올 적 마음 다르다.

2주 6일째

56쪽 ㅈ, ㄹ, ㄴ, ㄷ, ㅁ

60쪽

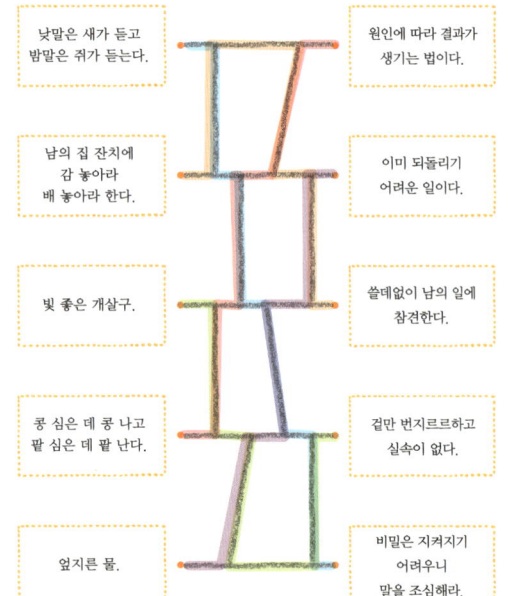

2주 7일째

65쪽 열 길 물속은 알아도 한 길 사람의 속은 모른다.

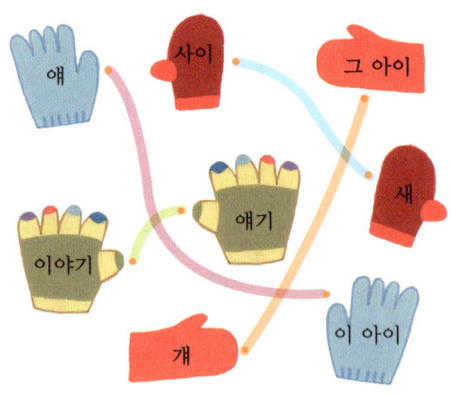

 **2주 8일째**

77쪽 (순서대로)
거꾸로, 부엌, 책가방, 오뚜기, 잎사귀, 뻐꾸기

2주 9일째

81쪽 [어름]

83쪽 몸

모래밭	해	함께
셋	개구리	숙제
게시판	돌멩이	세수
숙재	샛	쓰래기
돌맹이	쓰레기	함깨
바람개비	빨래	모래밭
맵다	바람개비	빨레
도대체	맵다	잽싸다
뱀	제미있다	해
개구리	헤매다	돌멩이

84쪽

3주 11일째

99쪽

3주 12일째

106쪽

107쪽 시계가 동생이 생선이
토끼와 다람쥐가

108쪽

109쪽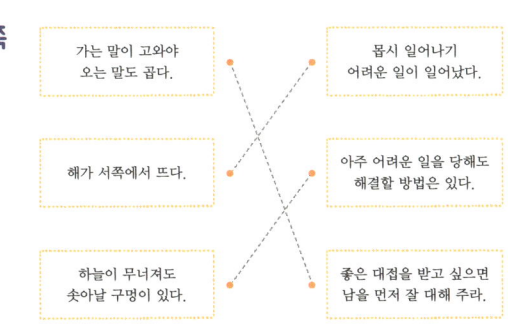

3주 13일째

114쪽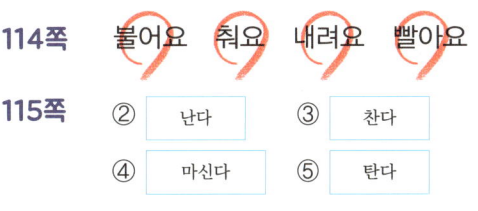

115쪽 ② 난다   ③ 찬다
④ 마신다   ⑤ 탄다

116쪽 (예시)

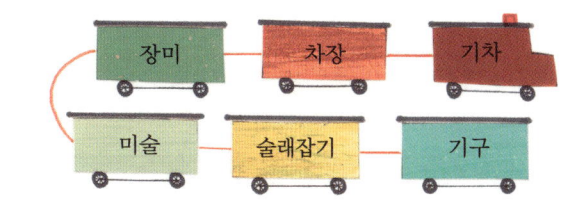

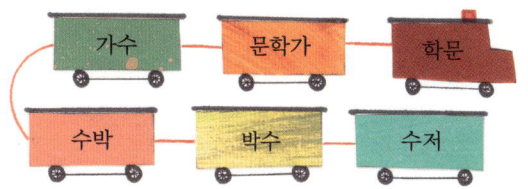

117쪽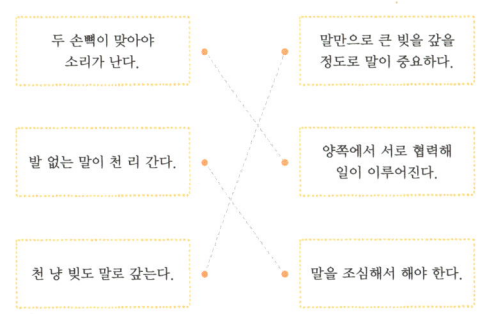

3주 14일째

122쪽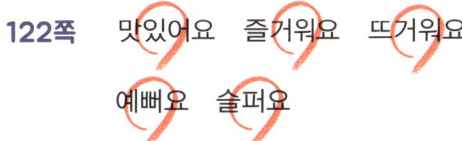

124쪽 (정답 예) 미나리, 오리, 소리 등.

124쪽 (순서대로) ②, ②, ②

177

3주 15일째

130쪽 (순서대로) 식탁을, 꿀을, 잠을, 공부를

131쪽 ① 왕관 ② 춤 ③ 방망이 ④ 아이스크림

132쪽

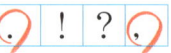
오르라
똥 개
뒷간 갈 올

4주 17일째

146쪽 봄이 오랴!
연기 날까?

147쪽 ⸯ ! ? ⸲
① . ! ? ,
② ⸯ ! ? ,
③ . ! ? ,

133쪽
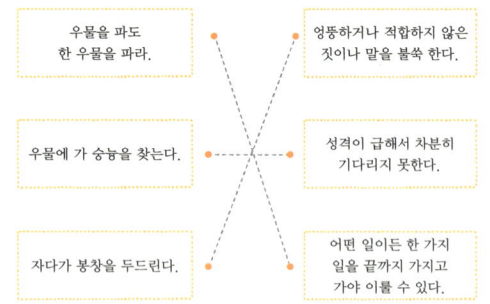

149쪽
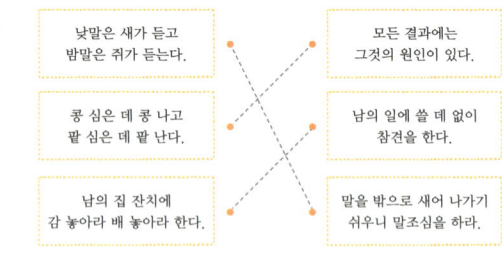

4주 18일째

153쪽
나물 좀 줘.
나 물 좀 줘.

4주 16일째

138쪽 ③

139쪽 여러 번 실패하더라도 계속 노력을 하면 이룰 수 있다.

140쪽 ③

156쪽 ②

141쪽
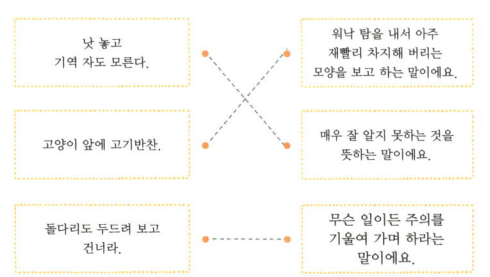

157쪽
쥐면 꺼질까 불면 날까. — 자녀를 매우 소중하게 기르다.
비 온 뒤에 땅이 굳어진다. — 가까운 곳에 두고 멀리 찾아다니다.
업은 아이 삼 년 찾는다. — 어렵고 힘든 일을 겪은 다음에는 더 단단해진다.

4주 19일째

162쪽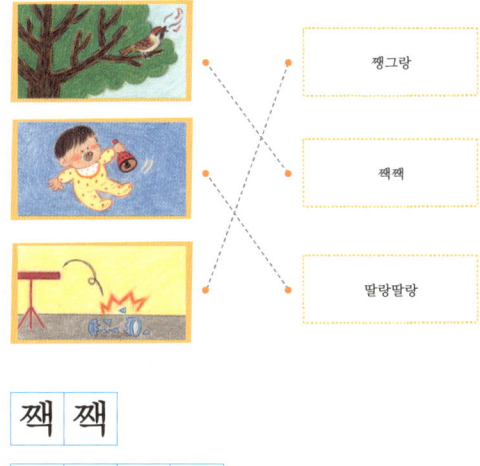

짹 짹
딸 랑 딸 랑
쨍 그 랑

163쪽 ③, ①

164쪽 이야기되고 있는 사람이 바로 그 자리에 나타났을 때 쓰는 말이에요.

165쪽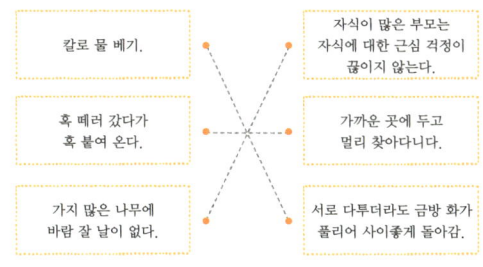

4주 20일째

169쪽 ③, ②

170쪽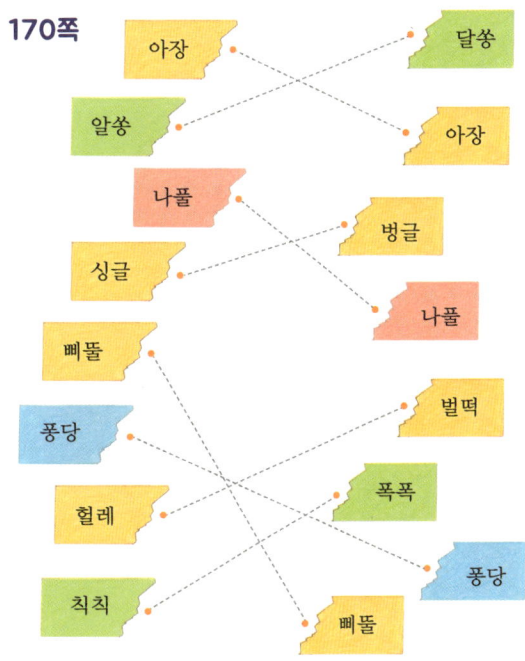

172쪽 번갯불에 콩 볶아 먹겠다.
닭 쫓던 개 지붕 쳐다보듯.
물에 빠져도 정신을 차려야 산다.

173쪽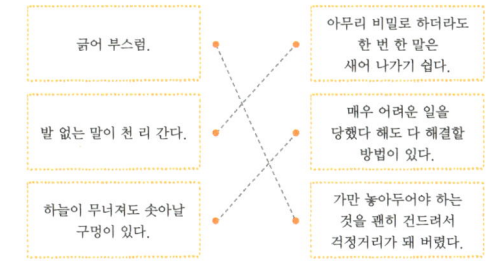

글 좋은글읽기쓰기연구회
'좋은글읽기쓰기연구회'는 교사, 글작가, 번역가, 화가, 출판기획자 등 어린이 읽기·쓰기와 관련한
여러 분야의 회원들이 모여 우리말의 바르고 원활한 사용을 촉진할 수 있는 방법을 연구하고 있습니다.

속담 권 대표 집필 조은숙
아동문학을 공부하고 출판사에서 오랫동안 어린이 교육 프로그램 개발과 어린이책 편집을 하였습니다.
현재는 그림책과 교양서, 학습서 등을 기획하고 집필하는 일을 하고 있습니다. 쓴 책으로는 《깜장괴물을 잡아라》
《아, 배부르다》《도깨비랑 목욕해 봤어?》《오늘은 대청소하는 날》 등이 있습니다.

그림 국설희
어려서부터 그림 그리는 것이 제일 좋았고 대학에서 서양화를 공부했습니다. 아이들을 가르치면서 아이들을 위해서
할 수 있는 일을 생각하다가 어린이책에 그림을 그리는 작가가 되었습니다. '또래얼' 창작 모임에서
창작 그림책을 만들기 위해 열심히 공부하고 있습니다. 《앗, 쉬이~ 물렀거라》《하늘을 나는 꿈》《어디에서 나왔지?》
《공짜표 셋 주세요!》《노란 우체통》 등에 그림을 그렸습니다.

그림 김서영
1983년 서울에서 태어났어요. 그림책 창작 그룹 '또래얼'에서 8년 동안 동료들과 함께하고 있습니다.
따뜻한 바느질 작업을 특히 좋아하고요, 그렇게 쓰고 그린 책으로 《달걀이랑 반죽이랑》《시계탐정 123》이 있습니다.

그림 박지은
대학에서 아동학을 공부하고 한국과 영국의 대학원에서 일러스트레이션을 전공하였습니다.
《소리가 들리는 동시집》《이솝우화보다 재미있는 세계 100대 우화》《새끼 서 발》《할아버지는 여든 아기》
《돌멩이가 따뜻해졌다》《내가 법을 만든다면?》 등 여러 어린이책과 동시집에 그림을 그렸습니다.

초판 1쇄 인쇄 2016년 3월 25일
초판 1쇄 발행 2016년 4월 1일
기획 요술조약돌
글 좋은글읽기쓰기연구회 | **대표 집필** 조은숙
감수 강병학 | **그림** 국설희, 김서영, 박지은 | **디자인** 나비
펴낸이 연준혁 | **펴낸곳** (주)위즈덤하우스
출판등록 2011년 11월 07일 제396-2011-000171호
주소 경기도 고양시 일산동구 정발산로 43-20 센트럴프라자 6층
전화 031-936-4000 | **팩스** 031-903-3891
홈페이지 www.wisdomhouse.co.kr | **전자우편** scola@wisdomhouse.co.kr
스콜라카페 www.cafe.naver.com/scola1
값 11,000원 | **ISBN** 978-89-97393-52-7 74700
　　　　　　　　　978-89-97393-51-0 (세트)
ⓒ좋은글읽기쓰기연구회, 2016

＊ 이 책은 저작권법에 따라 보호 받는 저작물이므로 무단 전재와 무단 복제를 금지합니다.
＊ 이 책의 전부 또는 일부를 이용하려면 반드시 저작권자와 (주)위즈덤하우스의 동의를 받아야 합니다.
＊ 잘못된 책은 바꿔 드립니다.
마법스쿨은 (주)위즈덤하우스의 학습 브랜드입니다.